Gabriel Palacios

Wer tut dir gut?

Wie du lernst, Menschen
richtig einzuschätzen

W0011106

allegria

Besuchen Sie uns im Internet:
www.ullstein.de

Allegria im Ullstein Taschenbuch

Ungekürzte Ausgabe im Ullstein Taschenbuch
Ullstein Taschenbuch ist ein Verlag der Ullstein Buchverlage GmbH, Berlin.
1. Auflage März 2021
© Ullstein Buchverlage GmbH, Berlin 2019
Umschlaggestaltung: zero-media.net, München
Coverfoto © Marc Deriaz
Innenillustrationen © Clara Tiefenthaler
Satz: Pinkuin Satz und Datentechnik, Berlin
Gesetzt aus der Goudy Old Style, InDesign
Druck und Bindearbeiten: CPI books GmbH, Leck
ISBN 978-3-548-06381-2

allegria

Dieses Buch, geschrieben aus der täglichen Praxis eines der europaweit erfolgreichsten Hypnosetherapeuten, ist ein Ratgeber für alle, die nach dem ultimativen Werkzeug der Menschenkenntnis suchen.

In einfachen Schritten und Übungen zeigt der Autor, was man benötigt, um den wohlwollenden vom manipulativen Menschen im unmittelbaren Umfeld zu unterscheiden. Er vermittelt Schutzmechanismen, die ohne Ablehnung des Gegenübers funktionieren und lehrt Vertrauenstechniken, die dem Gegenüber suggerieren, dass eine Verbindung möglich ist.

GABRIEL PALACIOS, geb. 1989 in Bern/Schweiz, befasste sich bereits seit frühester Kindheit aufgrund eines familiären Schicksalsschlages intensiv mit der Gedankenwelt. Heute verhilft der mehrfache Autor, Gedankenleser und Paartherapeut in seinem Therapiezentrum in Bern, durch öffentliche Veranstaltungen und mit seinen Büchern vielen Menschen zu mehr gedanklicher Freiheit. Bekannt wurde er einem großen Publikum durch seine Teilnahme 2009 an einem internationalen TV-Event über mentale Experimente. Gabriel Palacios berät Unternehmen und Prominente, ist Keynote-Speaker und bildet als Präsident des Verbandes Schweizer Hypnosetherapeuten (VSH) sowie als Lehrtrainer der National Guild of Hypnotists (NGH) Hypnosetherapeuten aus. https://www.gabriel-palacios.ch/

Vom Autor sind in unserem Hause erschienen:
Lass sie doch reden!
Gib deiner Angst keine Macht!
Verarsch mich nicht
Ich sehe dich

Inhaltsverzeichnis

Einen Schritt voraus

Ich betrete den Raum. Meine Klientin sitzt auf dem weichen Therapiestuhl und schaut mit leerem Blick aus dem Fenster. Nur zögernd nimmt sie mich wahr und auch, dass ich nicht der Assistent, sondern der Therapeut selbst bin. Sie begrüßt mich mit einem leicht bemühten Lächeln. Ihre Mundwinkel wirken, als wären sie über lange Zeit hinweg nicht mehr gebraucht worden und als wären sie so aus der Übung gekommen. Als ihr Lächeln, während des Händeschüttelns, wieder verblasst und wir uns hingesetzt haben, beginne ich das Gespräch mit der Frage: »Was kann ich für Sie tun?«

Mit trauriger und zugleich leiser Stimme antwortet sie: »Ich habe Sie aufgesucht, weil ich ein Muster habe, das mich an meinem persönlichen Erfolg hindert. Das Muster, das mich immer die falschen Menschen anziehen lässt. Menschen, die mich an der Nase herumführen, die mich ausnutzen, mich hintergehen und mir einfach nicht guttun.«

Ich halte ihre Worte in meinem Dossier zu ihrer Person fest. Während ich schreibe, herrscht Stille im Raum. Das Einzige, was zu hören ist, ist das über das Papier rollende Kugellager des Kugelschreibers. Danach lege ich den Stift wieder ab und erkläre: »Mithilfe Ihres Bewusstseins haben Sie nun festgestellt, dass Ihr Unterbewusstsein alltägliche Entscheidungen trifft, mit denen Sie scheinbar jene Menschen in Ihr Leben ziehen, die Ihnen nicht guttun. Ihr Unterbewusstsein tut das aus einer guten, wohlwollenden Überlegung heraus und ganz allein für Sie, damit Sie endlich lernen, diese Menschen mit Ihren Gedanken und mit Ihren Handlungen aus Ihrem Leben fernzuhalten. Natürlich gibt es auch Situationen, in denen versehentlich jemand Ihr Leben betritt, aber dann meist sehr rasch klar wird, dass diese Person Ihr Leben wieder verlassen soll. Es gibt jedoch Personen, die Sie in Ihr Leben lassen, weil diese Personen Ihnen ermöglichen, geistig zu wachsen. Sich geistig weiterzuentwickeln. Wir ziehen die Menschen in unser Leben, die Ähnlichkeiten mit jenen haben, die uns in früher Vergangenheit verletzt haben, damit wir lernen, aus der damaligen Rolle auszubrechen und endlich die Identität unserer Person zu erschaffen, die wir aus tiefstem Inneren eigentlich gerne hätten.«

Meine Klientin nickt. Ihr Blick wandert in alle Richtungen im Raum. Ich erkenne, dass sich gerade zahllose geistige Prozesse in ihr abspielen. Dass ihr Unterbewusstsein Verknüpfungen herstellt. Dass sie vergangene Erinnerungen abruft. Und dass sie sich sehr fest angesprochen fühlt.

Ich fahre fort: »Ein ganz einfaches Beispiel: Ein Mädchen wurde als Kind vom Vater misshandelt. Sie musste erfahren, was häusliche Gewalt bedeutet. Sie fühlt sich schlecht, nicht geliebt, nicht gut genug. Ihr Unterbewusstsein lässt sie in ihrer Zukunft Männer anziehen, die ihr wieder dasselbe Gefühl geben, wie es ihr der Vater gab. Damit sie endlich lernen kann, aus dieser Rolle auszubrechen und eine neue Rolle einzunehmen. Zu zeigen, wie wertvoll sie ist. Für sich und für ihren Wert einzustehen.«

Die Augen meiner Klientin fokussieren sich auf mich. Ich

kann sehen, wie sie ihre Lippen zusammenpresst und gegen ihre Tränen kämpft. Sie atmet tief ein, legt ihren Kopf in ihre wie zu einer Vase geformten Hände und sagt mit leiser Stimme: »Jetzt wird mir bewusst, weshalb ich Menschen anziehe, die mich an der Nase herumführen und hintergehen. Weil ich mich schon als Kind in unserer Familie für die Ehrlichkeit eingesetzt habe. Weil ich sah, dass das Hintergehen immer bloß Streit auslöste und ich eine Mediatorin für meine Eltern und Geschwister war.«

»Vermutlich. Und gefällt Ihnen diese Aufgabe der Mediatorin?«

»Eigentlich nicht.«

»Dann verlassen Sie diese Rolle. Lassen Sie sie los. Wie wär's, wenn Sie solchen Menschen mit Gelassenheit sagen könnten: ›Dann schlagt euch doch gegenseitig die Köpfe ein! Ich schau jetzt auf mich! Jetzt bin ich dran! Weil ich es wert bin! Weil auch ich ein Anrecht darauf habe, mein Leben in seinem Potenzial zu leben und zu genießen!‹ Wie würde sich das anfühlen?«

Meine Klientin entgegnet blitzschnell: »Ja, das wäre nur zu schön.«

Ich erwidere: »Nein, es wäre nicht zu schön. Es *ist* schön. Und Sie bestimmen von nun an selbst, wen Sie in Ihr Leben ziehen und wer Ihnen wirklich guttut.«

Dieser kleine Einblick in meine Tätigkeit als Coach und Therapeut soll verdeutlichen, wie schnell uns bewusst werden kann, weshalb wir gewisse Menschen in unser Leben ziehen und andere Menschen wiederum nicht.

Es gibt Menschen, die wir in unser Leben ziehen, weil sie

etwas in uns auslösen, das wir verarbeiten sollten. Damit wir diesen Menschen gegenüber eine neue Rolle entwickeln können, sodass wir beispielsweise auch aus einer vergangenen Opferrolle ausbrechen und eine neue, wundervolle positive Rolle einnehmen können.

Es gibt aber auch Menschen, die einfach so zusammenhanglos in unser Leben treten. Menschen, die uns einfach nicht guttun und die auch nicht Teil unserer Umwelt sein müssen.

Deshalb werde ich dir in diesem Buch aufzeigen, wie du deine Sinne so präzise schulst, damit du Menschen, die dir nicht guttun, rechtzeitig erkennen kannst. Energievampire. Ausnutzer. Menschen, bei denen immer alles nur schlecht ist. Die auch immer etwas an dir auszusetzen haben und dich runterziehen. Menschen, bei denen die Sonne nicht dann aufgeht, wenn sie den Raum betreten, sondern dann, wenn sie den Raum endlich wieder verlassen. Deshalb zeige ich dir, wie du Menschen richtig einschätzt, damit du jene negativ gestimmten Menschen rechtzeitig erkennen kannst und nicht erst dann, wenn es schon zu spät ist und wieder eine neue Verletzung vorliegt. Ich werde dir konkrete Techniken mitgeben und auch verdeutlichen, auf was du beim Einschätzen anderer Menschen besonders achten solltest. Wie du die Gedanken anderer liest. Die bewussten und sogar die unbewussten Gedanken des anderen. Wie du erkennen kannst, was sie denken, aber nicht sagen. Wie du Gedanken deines Gegenübers erkennst, die nicht mal ihr oder ihm selbst bewusst, aber deutlich vorhanden sind. Welche Pläne sie haben und welches ihre nächsten Schritte sind. Sodass du immer einen wesentlichen Schritt voraus bist.

Ich werde dir auch konkrete Techniken vermitteln, wie du

solche Menschen adäquat und mit Gelassenheit aus deinem Leben verabschieden kannst und diese mithilfe eines wundervollen Schutzes auch gar nicht mehr in dein Leben lässt.

Ich werde mit dir gemeinsam auch ältere Muster anschauen. Muster, die dir selbst vielleicht nicht bewusst sind, die du aber im Grunde spielend leicht durchbrechen kannst. Sodass du sofort nur noch die Menschen in dein Leben lässt, die dir wirklich einfach nur guttun. Denn genau das hast du verdient.

Ich werde dir auch aus Teilen meiner persönlichen Geschichte erzählen und dir aufzeigen, wie ich mein Wissen als Experte für Unterbewusstsein, Hypnose und Gedankenlesen gezielt eingesetzt habe. Denn auch ich musste bereits zu Beginn meines Lebens durch tiefe Täler gehen, habe ebenso Menschen angezogen, die mir immer wieder meine Vergangenheit aufzeigten, und setzte daraufhin mein Wissen und meine Fähigkeiten gezielt ein.

Heute bin ich in dem, was ich tue, sehr erfolgreich. Ich leite zwei Ausbildungszentren, einen Buchverlag, einen Verband, einen Bezirksverband und bin mit meinen Vorträgen und Seminaren international auf Tournee. Mit einem Ziel: den Menschen aufzuzeigen, dass sie mehr können, als sie womöglich von sich selbst denken. Dass mehr in uns allen steckt, als wir glauben. Dass wir auf immense Fähigkeiten zurückgreifen können, wenn wir sie gezielt nutzen.

Mein Name ist Gabriel Palacios, und ich freue mich auf eine wundervolle gemeinsame Reise mit dir.

Menschenkenntnis

Wir alle sind Menschenkenner – doch nur wenige sind »Menschen-Erkenner«. Menschenkenntnis hat nichts damit zu tun, wie viele Menschen wir kennen, sondern viel mehr, ob wir die Auffassungsgabe haben, diverse Charaktereigenschaften von Menschen binnen Bruchteilen von Sekunden zu erkennen.

Das Wort »erkennen« ist eine stärkere Bildung des Wortes »kennen«. Dieses stammt aus dem Althochdeutschen für »sich gewahr werden, erfassen, urteilen«. Wenn wir also Menschen erkennen, so ist das eine ausgeprägtere Form dessen, Menschen nur zu kennen. Es ist eine Fähigkeit, nüchtern in den Menschen hineinzublicken, dessen Tiefen zu erkennen.

Doch woher kommt Menschenkenntnis? Wieso haben gewisse Menschen die Fähigkeit, andere Menschen zu lesen, andere hingegen wissen selbst nach langen Gesprächen immer noch nicht wirklich, wer ihnen gegenübersitzt?

Für Menschenkenntnis gibt es diverse Gründe. Befassen wir uns doch mal mit den unterschiedlichen Formen von Menschenkenntnis und deshalb zunächst mal mit jenen Arten von Menschenkennern, die nicht wirklich Menschenkenner sind, es aber von sich stark behaupten. Ich unterscheide hierbei zwischen den vermeintlichen Menschenkennerinnen und -kennern, die primär mit sich selbst reden, also extrem im Inneren sind. Und deren Gegenstück, die vermeintlichen Menschen-kennerinnen und -kenner, die primär im Außen orientiert sind und in wirren Sphären herumschwirren, derer sie nicht mächtig sein können. Diese beiden Formen – im Innen und im Außen sein – haben nicht viel damit zu tun, ob man eher intro-vertiert oder extrovertiert ist. Denn beispielsweise extrovertier-te Menschen, also Menschen, die sehr kommunikativ und mit-teilungsbedürftig sind, können sich zwar mitteilen, sich selbst darstellen, aber trotzdem »Menschenkenner« sein, die sich primär mit ihrem Inneren befassen. Ob man ein innerer oder ein äußerer »Menschenkenner« ist, hat also nichts mit dem Gel-tungsdrang oder mit dem kommunikativen Energieniveau zu tun, sondern lediglich damit, ob ich mich mit Informationen befasse, die von innen kommen, oder mit Informationen, die von außen kommen.

Befassen wir uns zunächst mit zwei Typen vermeintlicher Menschenkenner, die sich vorwiegend mit Informationen beschäftigen, die lediglich von innen kommen, und die deshalb die Menschen um sich herum nicht wirklich kennen können. Alles steht immer im Zusammenhang mit ihm selbst:

Der Geprägte

Eine der Formen von vermeintlichen Menschenkennern ist die des Geprägten. Sie handeln insofern »geprägt«, dass sie die im Laufe des eigenen Lebens erfahrenen Tiefschläge einstecken und unterbewusst als schützende Mechanismen auf andere

Menschen übertragen. Es ist das unbewusste Einprägen von Eigenschaften jenes Menschen, der sie geprägt hat, woraus Konditionierungen entstehen und das Gehirn beginnt, Menschen in Schubladen zu stecken, was natürlich überhaupt nicht objektiv sein muss, sondern primär subjektiv. Zum Beispiel bei Beziehungsschwierigkeiten:

Eine Frau wird von ihrem Mann, mit dem sie sich verbunden fühlt und dem sie vertraut, betrogen und verletzt. Fortan ist sie von dieser Erfahrung geprägt, die sie natürlich mit diesem Mann verbindet. Dieser Mann liebt Spinat. Der nächste Mann, bei dem sie Trost sucht, hat sie von vornherein belogen, was seinen Familienstand betrifft. Und auch er aß gern Spinat. Kurzum beginnt unser Unterbewusstsein Regeln zu finden, wo es gar keine gibt, und liefert nach intensiver Analyse beider Herren das Ergebnis: Alle Männer, die Spinat lieben, lügen.

Bizarr an der ganzen Sache ist, dass die geprägten Menschen mit ihrem Bewusstsein natürlich wissen, dass dieses »Erkennen«, eben hier als Urteil, nicht stimmen kann – trotzdem aber hält ihr Unterbewusstsein an dieser erfundenen Regel fest, die merkwürdiger nicht sein könnte. Und was geschieht? Jene Frau meidet Männer, die Spinat mögen, wird misstrauisch, wenn sie von dieser Vorliebe erfährt, oder stellt einem potenziellen Partner schon beim Kennenlernen direkt oder indirekt die Frage, ob er Spinat mag.

Menschen, die aus eigener Prägung durch andere Menschen versuchen, Schablonen zu entwickeln, laufen Gefahr, dass sie anderen ihre eigene Erfahrung »andichten«. Deshalb sollte diese Form der Menschenkenntnis eigentlich nicht unter dem Begriff laufen, sondern unter *Selbstkenntnis*. Wenn wir aus eigenen Erfahrungen unsere falschen Vernetzungen, wie zum Beispiel »Männer, die Spinat mögen, lügen«, verallgemeinern, hat dies lediglich mit unserer eigenen Geschichte zu tun, nicht aber mit der Wahrheit, ist zutiefst subjektiv statt objektiv.

Dieser Mechanismus, aus schlechten Erfahrungen heraus Verknüpfungen zu erstellen, war zu Urzeiten überlebenswichtig. Wurde ein Mensch von einem Raubtier gefressen, einer dem Menschen noch völlig unerforschten Spezies, hat man diese Erfahrung mit dem Tier verinnerlicht, ein Gefühl für Gefahr entwickelt und so gelernt, sich davor in Acht zu nehmen. Nur so konnten die Menschen in einer vergleichbaren Situation ihr eigenes Überleben sichern.

Aussagen von Geprägten wie »Ach, du magst Spinat – wie

mein Ex, der mochte auch gern Spinat, aber er hat mich auch betrogen. Wird das bei dir auch so sein?« kontert man am besten mit einer Frage wie: »Meine Ex-Freundin trank gern Wasser, so wie du – sie hat mich hintergangen. Ist dies nun bei dir auch zu erwarten?«

Der Egozentriker

Eine nächste, nur vermeintliche Form von Menschenkenner ist der Egozentriker. Das ist derjenige selbsternannte Menschenkenner, der sich, seine Emotionen, sein Denken und seine Verhaltensweisen in den Mittelpunkt stellt. Der Egozentriker ist derjenige Menschenkenner, der glaubt, dass andere das Gleiche denken wie er, das Gleiche fühlen wie er und auch aus den gleichen Beweggründen gewisse Handlungen an den Tag legen wie er. Der Egozentriker leitet immer stets alles von sich selbst ab und glaubt, auch andere Menschen sehr gut fühlen zu können. In Wirklichkeit fühlt er nur sich selbst.

Die Egozentriker erkennt man oftmals sehr schnell daran, dass sie sich selbst als Empathiker bezeichnen. Sie glauben, sich in andere Menschen hineinfühlen zu können, doch die oder der Einzige, in die oder den sich solche Menschen hineinfühlen, sind sie selbst. Wenn sie glücklich sind, beteuern sie anderen, sie (die anderen) seien heute auffallend gut drauf. Haben sie schwierige berufliche Zeiten, übertragen sie ihre Probleme auf andere mit Sätzen wie: »Man sieht dir an, dass auch an dir die Krise nicht spurlos vorbeigeht.«

Oft leiden die vermeintlich empathischen Egozentriker unter einem subjektiven Wahrnehmungsfehler, mitunter dem *Ähnlichkeitsfehler*, dass sie in allen anderen das sehen, was sie eigentlich bei sich selbst feststellen, oder dem *Kontrastfehler*, dass sie in anderen immer nur das sehen, wonach sie eine innere Sehnsucht haben und was sie deshalb in sich selbst suchen.

Ein typisches Beispiel eines egozentrischen Menschenkenners ist, dass er dir, obschon du supergut drauf bist, in die Augen blickt und sagt: »Ich sehe in deinen Augen, dass dich etwas bedrückt.«

Die beste Antwort, die mir hier einfällt, wäre wohl: »Ich glaube, du siehst die Reflexion in meinen Augen.«

Die beiden nun folgenden Menschenkenner sind jene, die sich vorwiegend im Außen befinden und sich dadurch mit sich selbst kaum auseinandersetzen mögen.

Ein im Außen herumschwirrender Menschenkenner, der lediglich versucht, Informationen von außen zu gewinnen, und dabei sich selbst und den Balken vorm Auge vergisst:

Der Fantast

Eine bemerkenswerte Gattung von vermeintlichen Menschenkennern ist die der Fantasten. Fantasten haben eine kreative
Fähigkeit, die ihnen auch viele Türen öffnet – auch die in ein
neues, noch unergründetes Universum. Denn Fantasten haben die Eigenschaft, etwas hineinzuprojizieren, wo nichts ist,
Zusammenhänge zu erschaffen, die es nie gab und auch nie
geben wird, weder beim Fantasten, noch bei demjenigen, der
gerade vom Fantasten analysiert wird. Fantasten sind wenig
feinfühlig, dafür umso philosophischer. Sie können Fragen
offen stehen lassen, ohne darauf Antworten finden zu müssen.
Sie können dort, wo alles in Ordnung ist, völlig unnötige Fragen stellen.

Fantasten bewegen sich in philosophischen Sphären, die scheinbar fast nur Fantasten vorbehalten bleiben – weil es Sphären mit stets offenen Fragen sind, in die kaum andere sich verirren wollen.

Deshalb sind Fantasten eigentlich harmlos – weil sie lediglich verdeutlichen wollen, dass wir nicht alles wissen müssen und auch nicht alles erklären müssen.

Der Fantast begegnet dir und hinterfragt deine Glücksgefühle – nicht aber in der Rolle eines Therapeuten, der dich behandeln will, sondern vielmehr im philosophischen Sinne von »Ich habe mich mit dir befasst, denn wie du sehen kannst, habe ich dir eine Frage gestellt, auf die es beinah keine Antwort geben kann«.

Dies könnten sie zu vermitteln versuchen mit einer Aussage wie: »Es freut mich, dass es dir gut geht. Aber ist das Leben nicht immer auch ein Auf und Ab? Und möchte man wirklich immer allen Menschen sagen, wie es im Inneren tatsächlich ausschaut?«

Fantasten antwortet man am besten mit einer ebenfalls offenen Frage, welche die Sphären des Fantasten so sehr ins Unermessliche erweitern lässt, dass sie früher oder später mit ihren fantastischen Analysen aufhören müssen.

Der Sehende

Die letzte, wirklich bemerkenswerte Gattung der vermeintlichen Menschenkenner ist die der vorgeblich Sehenden. Sehende sind Menschen, die glauben, Dinge zu sehen, die un-

sereins nicht sehen kann, sie aber durch irgendwelche Kanäle gechannelt bekommen. Kurz: Sie glauben, ihre Informationen von anderer Stelle zu empfangen als ihre Mitmenschen, denen das nicht vergönnt ist. Ich weiß, dass es tatsächlich und wahrhaft sehende Menschen gibt. In der Überzahl jedoch sind jene, die nur glauben, zu den Sehenden zu gehören, und Dinge sagen, die nicht im Geringsten mit der Wahrheit zu tun haben. Menschen, die glauben, in deiner Glückseligkeit eine tiefe Trauer zu entdecken, weil ihnen diese Information angeblich auf übernatürlichem Wege zugetragen wurde. Wären sie wirklich sehend, würden sie diese Information für sich behalten, um den Gegenwind zu vermeiden. Ein wirklich sehender Mensch weiß, welche Botschaften er vermittelt und welche er für sich behält.

Ich kenne das Gefühl, einem Menschen einen Tipp geben zu wollen, was aber nur für Ablehnung und Skepsis sorgen würde.

Ein wirklich Sehender übermittelt die wichtige Information durch die Blume – so dass der Mensch, der diese Information empfangen wird, diese von selbst, durch diesen ganz dezenten Hinweis erkennen wird.

Die vermeintlichen Seher glauben, dass sie alles sofort vermitteln müssen, was sie selbst glauben und was von nirgendwo sonst als aus einer tiefen Ecke ihres Kleinhirns stammt. Sie sind sich nicht im Klaren, welch negative Spirale dadurch gestartet werden kann.

So scheut ein vermeintlich sehender Mensch nicht davor zurück, einem anderen Menschen, der sagt, er sei unentschlossen, ob er etwas in seinem Leben verändern solle, mitzuteilen: »Ich sehe, dass es für dich an der Zeit für eine radikale Veränderung ist. Jetzt ist der richtige Zeitpunkt. JETZT oder nie!«

Was der vermeintlich Sehende nicht sieht, ist, dass der andere vielleicht Frau und Kinder hat, mit seinem Job nicht glücklich ist und schon eine längere Zeit mit dem Gedanken spielt, dem Chef mal Paroli zu bieten. Die Aussage »Jetzt ist der richtige Zeitpunkt für die Veränderung« lässt ihn dann glauben, er müsse das jetzt tun, auch wenn der Moment gerade sehr ungünstig ist. Der Mann tut's – bekommt die Kündigung. Seine Familie – und nicht zuletzt auch er selbst – leidet, und alle wünschen sich, er hätte seinen alten Job wieder zurück.

Vermeintlich sehenden Menschen sollte man mit Aussagen begegnen wie: »Lustig. Siehst du dann auch, dass ich ebenfalls sehend bin und sehe, dass du nicht immer richtig siehst?«

Wir alle sind von vermeintlichen Menschenkennern umgeben, die entweder mit ihrem eigenen Inneren reden, während sie andere analysieren oder über andere urteilen oder wie Glühwürmchen im Außen schwirren und übersehen, dass das Licht, das sie beim Gegenüber sehen, ihr eigenes ist.

Was ist Menschenkenntnis wirklich?

Menschenkenntnis zu besitzen heißt, die Fähigkeit zu haben, andere Menschen wahrzunehmen, in ihrer Verschiedenheit von einem selbst zu verstehen und mit diesen Menschen verknüpfte Merkmale früher als andere zu erkennen.

Der eine erkennt Zusammenhänge zwischen sinkenden Börsenkursen, der andere hat die Fähigkeit, mit Tieren zu kommunizieren. Und wirkliche Menschenkenner haben die Fähigkeit, Persönlichkeitsstrukturen von anderen Menschen binnen kürzester Zeit zu erkennen.

Nicht nur der Faktor Geschwindigkeit ist bei wirklicher Menschenkenntnis maßgebend, sondern auch die Fähigkeit der Tiefe. Die Tiefe der Menschenkenntnis ist der Parameter, der uns auch Dinge in dem Menschen, den wir analysieren, erkennen lässt, die er selbst vielleicht nicht offen kommuniziert, derer er sich nicht einmal bewusst ist.

Ein wahrhaftiger Menschenkenner kann also schnell und tief in den Menschen hineinblicken, ohne sich dabei von seinen eigenen Prägungen und Fantasien leiten zu lassen. Ein wahrhaftiger Menschenkenner kann andere Menschen nüchtern analysieren, ohne dabei eigenen Mustern zu verfallen oder zu rasch Dinge zu interpretieren, die ihn selbst betreffen, aber nicht die Person, die gerade analysiert wird. Er besitzt die Fähigkeit zu abstrahieren, welche Wahrnehmungen von seiner eigenen Vergangenheit getrübt sind und wo er deshalb besser noch ein zweites Mal hinschauen sollte, um eine zuverlässige Aussage über sein Gegenüber machen zu können.

Beim Menschenkenner gibt es eine sehr bedeutsame Regel,

die ich auch allen meinen Therapeutinnen und Therapeuten mit auf den Weg gebe:

Ein wahrhaftiger Menschenkenner ist im Innen sowie im Außen – und zwar gleichzeitig.

Wie ein Pianist, der gleichzeitig mehrere Stimmen spielen kann, so ist der Menschenkenner der eigenen inneren Stimme wie auch der äußeren Stimme gleichzeitig mächtig. Ein wahrer Menschenkenner spielt nicht nur beidhändig, sondern überprüft während des Spielens der beiden Stimmen diese auch auf Eintrübungen.

1. Die nach innen gerichtete Kraft: die Gabe der Selbstreflexion

Damit meine ich konkret: Wahrhaftige Menschenkenner haben mitunter eine ausgesprochene Fähigkeit, über sich selbst und die inneren Prozesse nüchtern nachdenken zu können. Erkennen zu können, welche Worte oder Handlungen innere Prägungen aufleben lassen. Zu erkennen, was ihn, umgangssprachlich gesagt, triggert. Viele fühlen sich schnell getriggert und urteilen dann sehr rasch, woran eigentlich die eigene Geschichte schuld ist, was aber im Grundsatz nichts mit dem Gegenüber zu tun hat. Ein Beispiel: Ein vermeintlicher Menschenkenner wurde als Kind vom eigenen Onkel immer erniedrigt. Der Onkel hatte eine übermäßig tiefe, brummige Stimme. Wenn dieser vermeintliche Menschenkenner nun Männern mit tiefer, brummiger Stimme automatisch ein erniedrigendes Verhalten unter-

stellt, dann nicht, weil das der Wahrheit entsprechen würde, sondern weil er durch die tiefe Stimme getriggert und somit an seine eigene Geschichte erinnert wird.

Ein echter Menschenkenner beobachtet also auch die eigenen inneren Prozesse nüchtern und merkt, was ihn triggert und was nicht, und fällt deshalb in diesen Bereichen auch kein voreiliges Urteil über das Gegenüber.

2. Die nach außen gerichtete Kraft: die Sensibilität
Sensibilität ist die Fähigkeit, auch kleinste Änderungen der Außenwelt wahrnehmen zu können. Wer ein hohes Maß an Sensibilität aufweist, nimmt sofort wahr, wenn das Gegenüber plötzlich andere Absich-

ten hat als die, die es vorgibt zu haben. Oder wenn das Gegenüber plötzlich nachdenklich wird. Wer sehr sensibel ist, nimmt Harmonie und Spannungen sehr rasch wahr – auch Unklarheiten, Täuschungsmanöver und Lügen.

Wer sehr sensibel ist, ist oftmals auch zugänglicher. Ein Menschenkenner muss die Informationen, die auf ihn einprasseln, aufnehmen und analytisch verarbeiten. Wer sensibel ist und genau das tut, wird mit höherer Wahrscheinlichkeit getriggert. Sensible Menschen sind leichter verletzlich, weil sie Informationen wahr nehmen und ernst nehmen, womit sie sich dann gar oft selbst triggern. Als sensibler Mensch ist es sehr wichtig und unabdingbar, viel Selbstreflexion anzuwenden. Nur so erkennt er, dass der Ein-

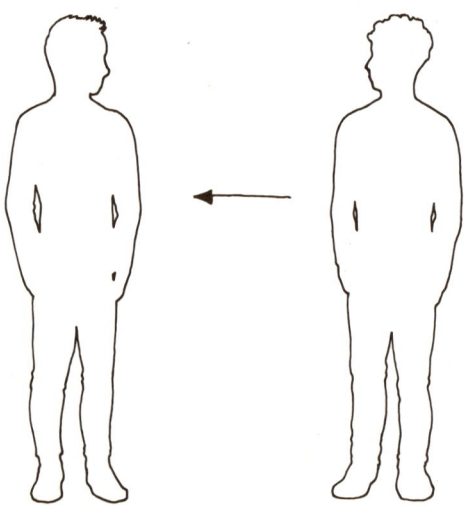

fluss, der ihn gerade getriggert hat, womöglich aus ihm selber kommt und mit seinem Gegenüber absolut nichts zu tun hat.

3. Die umhüllende Kraft: die Sensitivität

Sensitivität ist eine Fähigkeit, Informationen von woanders abzuzapfen, als es die Mehrheit tut. Sensitivität ist die Empfänglichkeit für uns umgebende, nicht direkt kommunizierte Informationen. Informationen, die in nicht greifbarer Form auftreten: Gedanken oder Energien.

Ein klassisches Beispiel hierfür ist die beste Freundin oder der beste Freund, mit der oder dem man verbunden ist. Man denkt an diesen Menschen – vielleicht nachdem man viele Tage, Wochen, Monate oder gar Jahre lang nicht mehr mit dieser Person kommuniziert hatte –, und just in diesem Moment meldet sie oder er sich auf einmal aus dem Nichts bei uns. Diesen Fall kennen wir alle. Und den meisten von uns ist dieses Phänomen nicht nur ein einziges Mal widerfahren, sondern gleich mehrere Male. Das wären doch gar viele Zufälle dafür, dass es bloß Zufälle sein könnten.

Es gibt viele Möglichkeiten, dieses Phänomen zu erklären. Von universellen Theorien bis hin zu quantenphysikalischen Theorien. Fakt ist, dass jenes und ähnliche Phänomene selbst vor der Wissenschaft haltmachen. Es gibt mittlerweile weltweit eine Vielzahl von spannenden Zwillings-Forschungen, im

Rahmen derer man Zwillinge und deren unsichtbare Verbindung untersuchen wollte. Der Zufall aber
scheint ein Mysterium zu bleiben – was meiner An-
sicht nach auch gut ist, denn man muss nicht immer
alles erklären müssen.

Fakt ist jedoch: Es gibt Energien, die auf uns treffen.
Die sozusagen an unserer Tür anklopfen. Wir müssen sie nur hereinlassen. Und genau dies ist als Sensitivität zu verstehen: die Fähigkeit, die Informationen
zu empfangen.

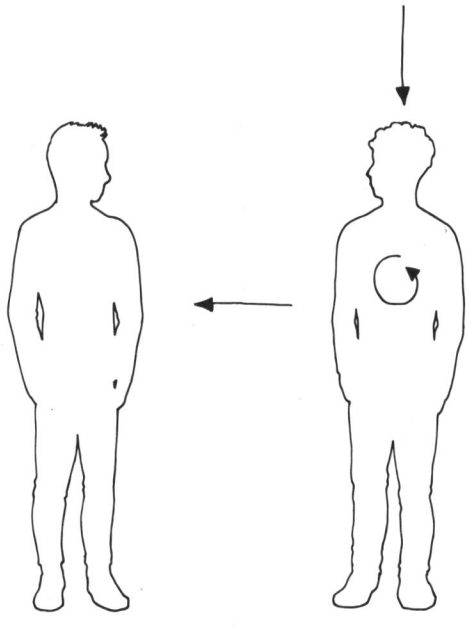

Ein wahrhaftiger Menschenkenner ist ein Mensch mit Ecken und Kanten, der über drei Kräfte verfügt: die Gabe der Selbstreflexion, die Sensibilität und die Sensitivität.

Ich möchte dies gern an einem Beispiel von mir genauer erläutern:

Es war ein kühler Herbsttag, als ich eine Buchvorstellung in einer Buchhandlung in der Schweiz abhielt. Eine Dame zwischen 50 und 60 Jahren meldete sich für ein Experiment, kam zu mir nach vorn auf die Bühne und setzte sich hin.

Ihr Händedruck war ziemlich schwach, und trotzdem wollte

sie meine Hand kaum loslassen. Meine Sensibilität ließ mich wissen, dass ihr die Zuneigung gerade sehr guttat. Sie trug elegante Kleider, glänzenden Schmuck, ums Handgelenk und an den Fingern. Einer ihrer Ringe war golden und sehr dünn. Diesen Ring musste sie schon längere Zeit getragen haben, weil er so aussah, als würde sie ihn gar nicht wieder abbekommen. Die Haut rundherum sah leicht aufgedunsen aus. Ich folgerte, dass sie diesen Ring schon sehr viele Jahre trug. Die Perlenkette an ihrem Hals glänzte für echte Perlen zu wenig. Meine Sensibilität ließ mich wissen, dass sie längere Zeit liiert bzw. verheiratet war, nicht viel Geld hatte, aber gern auch mal Luxus genoss. Ihre Haut, das größte Sinnesorgan, wirkte etwas mitgenommen.

In ihrem Blick entdeckte ich eine Traurigkeit, die sie aber versuchte sich nicht anmerken zu lassen. Ihre Augen schauten nicht sehr fokussiert. Ich fragte sie, ob sie jemanden vermisse. Sie presste ihre Lippen zusammen und blickte auf den Boden – für mich war der Fall klar: Es war eine sehr tiefe Form des Vermissens. Ein Verlust.

Ich fragte sie, ob sie jemanden so sehr vermisse, weil sie diesen Menschen verloren habe. Sie nickte, und Tränen kullerten ihre Wangen herab. Ich fragte, ob es ein ihr sehr nahstehender Mensch war. Sie bejahte. Ich fragte sie, ob es ihr Gatte war. Sie bejahte und wischte sich mit ihren Händen die Tränen unter den Augen weg. Bis dahin war meine Sensibilität sehr präsent.

Ich fragte sie, ob sie rauche. Sie sagte: »Nein.«

Ich antwortete: »In meiner Vorstellung liegt eine Zigarettenpackung auf Ihrem Nachttisch.«

Völlig erstaunt blickte sie auf, sah mich mit großen Augen an und sagte: »Da liegt tatsächlich eine Zigarettenpackung. Ich bin aber keine klassische Raucherin – ich habe wieder angefangen, weil es mir jetzt gerade guttut.«

»Wann ist dein Gatte gegangen? Vor zwei Wochen?«

Sie nickte und sagte: »Genau vor zwei Wochen.«

Die Information lag vor mir wie ein aufgeschlagenes Buch. Auf einmal sah ich ihren Nachttisch, ihr Bett, das nicht gemacht war, ihre kleine, aber sehr gemütliche Wohnung.

Ich fragte sie, ob sie eine 2,5-Zimmer-Wohnung habe. Sie nickte.

Ich fragte, ob diese am Stadtrand sei. Sie nickte.

Diese Informationen waren für mich ein klarer Hinweis auf die Präsenz meiner Sensitivität. Nun war meine Selbstreflexion gefragt, weil auch ich einen sehr wichtigen Menschen aus dem Leben verabschieden musste, als ich klein war: meinen Vater. Ich kenne Trauer und die Gefühle und Wünsche, die damit verbunden sind. An dieser Stelle war es nun sehr wichtig, sie zu befragen, was sie sich wünschte, und genau auf ihre Worte zu hören, statt ihr als Rat aufzuzwängen, was sie nun zu tun oder was sie nun zu fühlen hatte.

Ich spürte, dass es mir wohl an ihrer Stelle guttun würde, mich mit Menschen zu verbinden, denen ich gefühlsmäßig nahestehe. Mit genau jenen Menschen etwas zu unternehmen, um Verbundenheit und Geborgenheit zu fühlen. Meine Gabe der Selbstreflexion ließ mich jedoch sofort wahrnehmen, dass dies meine eigenen inneren Prozesse sind und nicht auch die ihren sein müssen. Also fragte ich sie, was sie sich nun wünsche.

Ihre Antwort war ganz klar: »Ich will ihn gehen lassen – ihn loslassen. Und will mich selbst wiederfinden. Ich will meine Mitte finden.«

Ich bat sie, ihre Augen zu schließen, und führte sie direkt in ihr Unterbewusstsein. Dort verankerten wir all die positiven Gefühle, die sie sich wünschte. Ihre Mitte wieder zu fühlen und ihren Gatten liebend loszulassen.

Das Publikum war erstaunt, und der Dame ging es sofort und ganz offensichtlich besser.

Genau solche Erlebnisse sind es, die uns zeigen, wie einfach und schön es wäre, andere Menschen richtig wahrzunehmen und ihnen etwas Gutes zu tun. Und das Beste: Während man den anderen etwas derart Gutes tut, strahlt diese positive Energie auf alle Seiten und auch auf uns selbst zurück.

Weshalb ich Menschen einschätze

Gern möchte ich dir erzählen, wie es eigentlich bei mir dazu gekommen ist, dass ich heute Menschen einschätze und damit den Menschen, die sich von mir therapieren lassen, sogar helfe.

Ich erzähle dir meine Geschichte aus primär zwei Gründen: erstens, damit du mich als Autor dieses Buches noch besser kennenlernst und verstehst – und auch mich einschätzen kannst; und zweitens, damit du vielleicht Parallelen zu deiner Geschichte erkennen kannst und dadurch auch etwas für dich daraus gewinnst.

Wie du merkst, erlaube ich mir im Übrigen, dich mit dem persönlichen Du anzusprechen – das mache ich meist auch, während ich anderen Menschen Unterstützung biete oder wenn ich andere Menschen, auch vor Publikum, lese und einschätze. Wenn man einen Menschen einschätzt, ist man sehr nahe bei diesem Menschen. Ihn dann zu siezen fühlt sich für mich seltsam an – deshalb erlaube ich mir meist das persönliche, respekterfüllte Du.

Nun zu meinem Weg zum Menschenleser: Ich kam am 28. November 1989 in Bern, der Hauptstadt der Schweiz, als jüngstes von sieben Kindern zur Welt. Mein Start in dieses Leben war nicht ganz einfach. Ich saß im Schneidersitz im Mutterleib. Mit mehrfach um den Hals gewickelter Nabelschnur. Ich wollte nicht raus – fühlte ich mich doch so im Lotussitz meditierend richtig wohl. So entschieden sich die Ärzte für den Kaiserschnitt. Ich kam zur Welt und war gleich die ersten sieben Monate auf Schienen an beiden Beinen angewiesen. Denn ich hatte Hüft-Dysplasie. Das heißt, meine beiden Hüftgelenke waren aufgrund der wochenlangen Lage im Schneider- oder Lotussitz ausgekugelt.

Kaum auf der Welt angekommen, vergaß ich zu atmen. Die Ärzte standen vor einem Rätsel: Ich hatte Atemaussetzer und musste immer wieder zum Atmen angeregt oder sogar reanimiert werden. Unzählige Untersuchungen musste ich über mich ergehen lassen – alles Mögliche haben sie abgecheckt – mit dem Resultat, dass ich nachts in der Klinik in den Überwachungskasten musste. Meine Eltern, und besonders meine Mutter, die bedingungslose Liebe in persona, blieben abends so lange sie durften und kamen morgens so früh sie durften zu mir ins Krankenhaus. Man beachte, dass meine Mutter gleichzeitig für meine sechs älteren Geschwister und für meinen Vater mit seinen depressiven Stimmungen da sein musste.

Mein Vater war Spanier. Daher kommt auch der Name Palacios, was übersetzt so viel wie »Palast« heißt. Meine Eltern arbeiteten gemeinsam als Hausmeister, waren neben den üblichen Verwaltungsaufgaben und Reparaturen auch für die Reinigung von Treppenhäusern und Wohnungen zuständig. Ihr Alltag war bereits strapaziös genug. Und nun mussten sich meine Eltern auch noch mit der Tatsache abfinden, dass Klein-Gabriel jeden Abend in den Überwachungskasten in der Klinik musste.

Diesen Umstand wollte meine Mutter ändern und organisierte entgegen dem Willen der Ärzte einen solchen Überwachungskasten für zu Hause, damit sie mich endlich mitnehmen konnte. Die Ärzte sahen die Unternehmung als viel zu riskant und entließen mich nach drei Monaten dann doch in meinem Kasten – aber auf das persönliche Risiko meiner Mutter – aus der Klinik. Meine gesamte Familie, nicht nur meine Eltern, sondern auch mein älterer Bruder und meine fünf älteren Schwestern, mussten instruiert werden, wie sie handeln sollten, wenn der Überwachungskasten Alarm schlug. An jeder Tür in unserer Wohnung klebte ein Zettel mit den Notfall-Schritten drauf, wie Klein-Gabriel reanimiert werden konnte, sollte er wieder mal vergessen zu atmen. So waren schon die ersten acht Monate meines Lebens nicht nur für mich, sondern auch für meine Geschwister nicht ganz einfach. Als letzter Schritt stand auf der Notfall-Maßnahmenanleitung: »Sie haben nun alles getan, was in Ihrer Macht lag. Warten Sie, bis der Notarzt eintrifft.«

Die Ärzte haben meine Eltern auf das Schlimmste vorbereitet, und für alle meine Geschwister war allein der Gedanke ein Horror, dass ich ausgerechnet dann nicht mehr reanimiert werden könnte, wenn eine oder einer von ihnen gerade mit mir alleine wäre.

Ganz allmählich lernte ich aber doch zu atmen, und dennoch gab es weiterhin Momente, in denen ich wieder nicht atmete. Einfach so aus dem Nichts. Die Ärzte meinten, es wäre eine Art Anfallsreihe. Sie untersuchten mich auf diese Anfälle und meinten, ich sei ein Blaues Kind.

Als Blaue Kinder bezeichneten sie diejenigen, die sich, wenn sie sich beispielsweise irgendwo anstießen und wehtaten, in diesen Schmerz hineinsteigerten und dabei vergaßen zu atmen, bis hin zur Bewusstlosigkeit. Meist verbunden mit Krämpfen.

Dies geschah auch mit mir. Ich wurde immer wieder bewusstlos. Für mehrere Minuten lang. Habe derweilen nicht geatmet. Habe mich teils auch dabei verkrampft. Oft geschah das aus einer Aufregung heraus – oftmals aber auch aus dem Nichts heraus. Scheinbar konnte allein ein Gedanke einen solchen Anfall auslösen.

Von außen betrachtet sah das immer sehr beängstigend aus. Die Leute, die diese Anfälle beobachteten, wollten immer gleich den Notarzt rufen. Es konnte überall geschehen. Plötzlich lag ich auf dem Boden und atmete nicht mehr. Wenn man mich aufhob und in die Arme nahm, schwenkte mein Kopf willkürlich herum – Arme, Beine, der gesamte Körper wie ausgeschaltet.

Was das renommierte Berner Inselspital als Mysterium bezeichnete, war die enorme Anzahl dieser Affektanfälle bei mir. Dass dies bei den Blauen Kindern mal vorkommen konnte, war bekannt. Aber nicht, dass es wie bei mir bis zu etwa 30-mal täglich vorkommen würde. Kein einziger Tag verging ohne Anfall. Also musste ich immer wieder Tests über mich ergehen lassen: EKG, EEG, Schlaflabor, bis hin zu Substanzen, die mir gespritzt wurden, mithilfe derer man versuchte herauszufinden, worunter ich litt, um welches Phänomen es sich handelte, was die Lösung wäre. Die Spezialisten des Inselspitals kommunizierten mit Spezialisten aus Übersee, um Erkenntnisse zu gewinnen. Negativ.

Während dieser Anfälle musste ich mich einfach dieser immensen Macht ergeben. Und trotzdem erinnere ich mich an innere Bilder, die ich während dieses Zustandes hatte. Diese Bilder gaben mir das Gefühl, das ganze Universum beeinflussen zu können. Dramatisch hingegen war der immerwiederkehrende Traum von einem Zaun um eine ausgetrocknete Wiese, von der ich weg wollte. Ich hatte die Aufgabe, über diesen Zaun zu klettern, und schaffte es nicht. Bevor ich es schaffte, war ich wieder bei Bewusstsein.

Die Ohnmachtsanfälle wurden weniger, bis ich dann den letzten solchen Anfall mit sieben Jahren hatte. Ich musste mich neuen neurologischen Tests unterziehen. Man ging davon aus, dass mein Gehirn Schaden genommen hatte vom Sauerstoffmangel während der minutenlangen Anfälle. Zum Erstaunen aller schnitt ich bei diesen Tests jeweils überdurchschnittlich gut ab. Als man testen wollte, ob die grobmotorischen Fähigkeiten meines Gehirns durch diese Anfälle zu Schaden gekommen seien, fand man heraus, dass ich bereits feinmotorische Fähigkeiten besaß, über die ich in meinem Alter noch gar nicht verfügen konnte. Bereits im Kindergartenalter konnte ich lesen, schreiben und rechnen und hatte mit meiner Mutter abgemacht, dass ich, wenn wir einen neuen Buchstaben lernten, so tun würde, als würde ich diesen Buchstaben noch gar nicht kennen. Die Neurologen sagten, man könnte meinen, ich hätte mit jedem Anfall neue Hirnzellen hinzugewonnen, anstatt sie zu verlieren.

Als ich dann aber langsam lernte, die Anfälle zu kontrollieren, geschah etwas sehr Einschneidendes. Mein Vater ging von uns. Für immer. Und auf unaussprechlich dramatische Weise. Ein Abend, der für uns Kinder wundervoll begonnen hatte, endete mit einem Schicksalsschlag für uns alle.

Mein Vater war oft und lange in der psychiatrischen Klinik gewesen. Die Psychiater trafen immer neue Diagnosen über seinen psychischen Zustand. Er war meist nur an den Wochenenden zu Hause und unter der Woche in der Klinik bei seinen Therapeuten. Irgendwann war er mit seiner Kraft am Ende. Medikamente verschlimmerten seinen Zustand noch zusätzlich. Er nahm ein Medikament, das seine Höhen und Tiefen besser regulieren – »normalisieren« – sollte, welches als Nebenwirkung halluzinogene Erscheinungen zur Folge hatte. Er begann zu halluzinieren, und die Ärzte sprachen davon, dass es nun noch schlimmer geworden sei. Letztendlich entschloss er sich, die Therapie abzubrechen.

Am 1. März 1995, es war ein Mittwoch, war er endlich wieder zu Hause. Ich saß da, nur mit einer Unterhose bekleidet. Meine Mutter kochte Essen für uns alle. Mein Vater saß mir gegenüber am Tisch, zwischen uns meine Geschwister. Dann kam der Moment, in dem er sich entschloss, seinem Drama ein Ende zu bereiten. Er brach einen Streit vom Zaun. Machte aus einer Mücke einen Elefanten, aus leisem Gemurmel wurden laute Schreie, bis er aufstand, den Tisch mit beiden Händen ergriff und umwarf. Pfannen mit Essen, Teller, Besteck und Gläser fielen mit lautem Geräusch auf den Boden. Als der Tisch nun schräg mit der Tischkante auf den Fliesen lag, ergriff er den Stuhl, auf dem er gesessen hatte, und warf ihn durch das geschlossene Fenster. Die hölzernen Fensterrahmen zerbrachen, und das Glas zersprang. Der Stuhl fiel auf die Wiese vorm Haus. Der Eklat war nun da. Es folgte ein weiterer Stuhl. Dann irgendwann folgten der große hölzerne Tisch, der Fernseher. Alles.

Bereits nachdem der zweite Stuhl fiel, ging meine Mutter zur

Haustür, riss diese auf, rief zu uns Kindern: »Raus! Alle raus!!!«
Hysterisch rannten wir hin und her. Meine älteren Schwes-
tern versuchten, meinen Vater zu zähmen, doch er war wie im
Wahn. Mitten in seinem Werk.

Wir Kinder rannten mit meiner Mutter zu den Nachbarn
– einem alten Ehepaar –, bei denen wir mit den Fäusten gegen
die hölzernen Fensterläden schlugen und die uns dann nach
einer gefühlten Ewigkeit in Obhut nahmen.

Derweil lief mein Vater davon, rannte in die Innenstadt und
sprang in den Tod.

Für mich als knapp Sechsjährigen war diese Tatsache besonders deshalb so schlimm, weil ich schon damals glaubte, wir
hätten ihn aufhalten können. Damals gab ich noch der Polizei
die Mitschuld, weil diese, obschon sie unsere Adresse nur zu
gut kannte, eine Ewigkeit brauchte, bis sie da war. Nachdem
unser Notruf bei ihr einging, brauchte sie mehr als eine halbe
Stunde für die knapp zwei Kilometer bis zu uns. Dabei hatte
sie ja meinen Vater immer wieder von zu Hause abgeholt, um
ihn zurück in die Klinik zu fahren, wenn er wieder mal von der
Klinik abgehauen war.

Als kleiner Junge war für mich das Allerschwerste zu verstehen, dass sich ein Mensch, den ich so sehr brauchte im Leben,
einfach so von mir wegstehlen konnte.

Heute weiß ich, dass mein Vater uns alle von sich befreien
wollte. Er wollte uns von seiner Geschichte und von seinen Problemen befreien. Und ich wünschte mir, ich hätte ihm sagen
können, dass er keine Belastung für uns ist. Wenn man jemanden wirklich liebt, wie Kinder dies aus tiefstem Herzen tun und
wie seine Frau es tat, die ihn sogar so sehr liebte, dass sie nach

seinem Tod nie wieder einen anderen Mann wollte, dann ist der Mensch keine Belastung. Dann tut man alles, was man für diesen Menschen tut, von Herzen.

Mein Unterbewusstsein sehnte sich danach, die Kontrolle über die Ohnmachtsanfälle zu haben wie auch über andere Menschen. Mit »Kontrolle« meine ich dabei nicht die alles beherrschende, sondern die Fähigkeit, dahinterzublicken und Zusammenhänge als Erklärungen herzustellen.

Als ich in die Schule kam, musste ich erleben, was es heißt, wenn einem jemand schaden möchte, dem man selbst erst einmal aufgeschlossen und in Liebe begegnet: Mobbing. In der Schule wurde ich gemobbt. Wegen meiner roten Haare und wegen meiner Sommersprossen.

Sie nannten mich »Pumuckl« und sagten Dinge wie: »Igitt, diese Punkte sind ja überall – in deinem Gesicht und auf deinen Armen.« Für mich war das besonders deshalb so schwierig, weil ich gerade meinen Vater verloren hatte und nach dieser Erfahrung Liebe und Zuneigung erfahren wollte. Verbundenheit. Zusammenhalt statt Ausgrenzung und Abscheu.

Meine Mutter schenkte uns Kindern einen Hund, damit wir Trost finden konnten und abgelenkt waren. Der Hund hieß Enzo, ein Cavalier King Charles Spaniel. Enzo hatte etwas ganz Besonderes: Er fühlte, wie es mir ging. Selbst dann, wenn ich mir nicht anmerken lassen wollte, dass ich gemobbt wurde, wenn ich von der Schule nach Hause kam, um meine Mutter nicht zu beunruhigen, so merkte es Enzo immer. Er kam immer dann zu mir, leckte mir meine Wangen ab und kuschelte sich an mich.

Für mich war klar: Enzo konnte meine Gedanken lesen. Enzo wusste, was ich fühlte, aber nicht sagte. Also interessierte ich mich extrem für diese unsichtbare Welt. Ich wollte diese unsichtbare Welt auch beherrschen können. Ich wollte zaubern können. Für mich war der Gedanke schön, dieser unsichtbaren Welt mächtig zu sein, indem ich zum Beispiel jene, die mich in der Schule mobbten, in freundliche Menschen verzaubern könnte. Und wenn mir wieder jemand davonlaufen würde wie mein Vater, wollte ich per Zauber die Tür vor ihm verschließen.

Kontrolle. Ich wollte die Kontrolle. Die Kontrolle über meine Ohnmachtsanfälle. Die Kontrolle über das Verhalten der Menschen, die ich liebe. Kontrolle über die Menschen, die mir wehtun wollen.

Also begann ich mit einem Zauberkasten. Ich wollte lernen zu zaubern. Zauberei bedeutete für mich die ultimative Kontrolle über alles in meiner Welt. Mit der Zeit, nachdem ich sogar selbst schon Zaubern lehrte, erkannte ich, dass diese Art der Zauberei nicht die Art der Zauberei war, die ich beherrschen wollte. Ich wollte richtig zaubern und nicht nur irgendwelche Tricks zur Verblüffung anderer vorführen.

Also befasste ich mich zunehmend mit Mentalismus, der Fähigkeit, andere Menschen zu lesen und dieses psychologische Wissen um verblüffende Phänomene auf der Bühne zu verwenden. Primär interessierte mich allerdings, dieses Wissen für mein Leben zu nutzen, damit ich Menschen einschätzen konnte, noch bevor sie mir oder den Menschen, die ich liebte, schaden konnten. Ich wollte Menschen lesen können, um zu wissen, was sie im Schilde führten, ehe sie es überhaupt ausführen konnten. Diese Fähigkeit zu schulen gab mir ein enorm gutes Gefühl. Allerdings fand ich keine Schule mit diesem Fach. So musste ich mir all dies zum einen durch meine eigenen Fähigkeiten beibringen, zum anderen auch autodidaktisch, durch Schriften und Quellen, die nur Mentalisten kannten.

Für meine Familie waren es spezielle Momente, wenn ich über andere Menschen Aussagen traf, welche Dinge über jene Menschen verrieten, die niemand von uns wissen konnte. Doch ich wusste von ihnen. Weshalb ich davon wusste, war für mich schwer zu sagen. Sicherlich zum einen, weil ich den Menschen, über den ich mehr wusste als andere, genauer anschaute und las. Zum anderen aber auch, weil ich die Informationen über diesen Menschen erhielt.

Je mehr ich von der Technik der Hypnose erfuhr, umso mehr zog mich diese extrem in den Bann. Für mich war das die Lösung: Wenn ich hypnotisieren kann – so dachte ich es mir damals –, dann kann ich autonom bestimmen, wer in wessen Sinne wie handelt. Und sogar, wer vermeintlich bewusstlos wird und wer nicht. Damals meinte ich noch, dass diejenigen Menschen, die im Fernsehen oder auf der Bühne hypnotisiert wurden, bewusstlos wären. Je tiefer ich in die Technik der Hypnose eintauchte, umso klarer wurde mir, dass jene Menschen gar nicht bewusstlos sind, sondern alles hören können wie zuvor. Und trotzdem will man sich durch die Hypnose vom Bewusstsein lösen und ins Reich des Unterbewusstseins abtauchen.

Mein Weg war für mich klar und deutlich: Ich wusste, ich wollte Menschen hypnotisieren. Und tat dies dann auch. Ich gab meine ersten Hypnosesitzungen im Gartenhaus meiner Mama. Vorerst kamen Schulkameradinnen und -kameraden, mal die Schwester oder der Bruder einer Kameradin oder eines Kameraden oder ihre Eltern und bald schon Menschen, die ich gar nicht kannte. Ich bekam es mit der Angst, weil ich noch nicht wusste, ob ich für eine Hypnosesitzung als Hypnotisierender zu jung war und ob ich zuerst die Erlaubnis eines Therapeuten-Gremiums erhalten musste. Also konzentrierte ich mich auf mein Abitur, begann, Sozialwissenschaften zu studieren und führte nebenbei halb offiziell mein eigenes Hypnosestudio, in das immer mehr Menschen kamen, um sich von mir therapieren zu lassen. Ich trat als Mentalist auf und besserte durch solche Abend-Vorführungen für Firmen mein Taschengeld auf. Auf Bühnenauftritte folgte das Fernsehen, dessen Macher immer sehr schnell von mir und meinen Fähigkeiten überzeugt waren – ich musste mich sehr selten beweisen oder erklären.

Selbst Uri Geller erkannte meine Arbeit an und sah meine Fähigkeit, also lud er mich in seine Sendung »The Next Uri Geller« ein. Für Termine in meinem Hypnosestudio, das ich nur nebenher führen wollte, wurden die Wartezeiten immer länger. Für mich war nicht erklärbar, weshalb alle zu mir wollten, zumal ich doch noch so jung war.

Das Hypnosestudio wurde schnell zu klein. Ich wechselte in schöne Praxisräumlichkeiten im Herzen von Bern. Plötzlich wurde das Nebenbei nicht die Hypnosetherapie, sondern mein Studium der Sozialwissenschaften, für das ich auf einmal keine Zeit mehr fand. Zeitgleich machte ich immer mehr Ausbildungen in der Hypnosetherapie im In- und Ausland, bis ich all die Anfragen nicht mehr selbst bewältigen konnte und eine 40-Prozent-Stelle bei mir ausschrieb, auf die sich Menschen bewarben, die bereits den Bachelor- oder sogar den Masterabschluss in diversen Bereichen hatten. Genau jene Abschlüsse, auf die ich selbst erst noch hinarbeitete.

Die Menschen riefen buchstäblich nach Sitzungen bei mir. Nach TV-Auftritten klingelten die Telefone rund um die Uhr. Der Rekord lag bei rund 250 Anfragen an einem einzigen Tag. Für mich war klar, dass dies nun mein Hauptweg werden müsste. So entschied ich mich dafür, meine Einzelfirma in eine GmbH umzuwandeln, nebenher eine Ausbildung zum Marketingfachmann mit eidgenössischem Fähigkeitsausweis zu absolvieren und voll auf meine Berufung zu setzen.

Heute, fünf Schweizer Buchbestseller später, führe ich mein eigenes Therapie- und Ausbildungsinstitut – das Palacios Relations Hypnosecenter – in der Hauptstadt der Schweiz, gründete eine weitere Firma, das Institut für Geistige Entwicklung (IfGE) und initiierte die Gründung des Verbandes Schweizer Hypnosetherapeuten (VSH), dessen Präsidialamt ich leite. Zudem bilde ich pro Jahr rund 200 Hypnosetherapeutinnen und -therapeuten aus sowie rund 50 Gesprächstherapeutinnen und -therapeuten. Ich gründete einen eigenen Buchverlag – die Cameo Verlag GmbH – und reise mit meinen Vorträgen und Workshops international umher. Noch nie im Leben war ich angestellt und beschäftige heute ein dynamisches, herzliches und aufgeschlossenes Team.

Inzwischen bilde ich Ärzte, Zahnärzte, Anästhesist/innen und sogar Chirurgen zu Diplom-zertifizierten Hypnosetherapeut/innen aus (wie aber auch Quereinsteiger auf dem Gebiet), halte Referate und gebe Coachings und Seminare für die führendsten Unternehmen im In- wie im Ausland.

Wenn ich heute – mit meinen 29 Jahren – andere Menschen lese, behandle, therapiere oder coache, so wie ich es mitunter an meinen Demo-Abenden auch vor Publikum tue, dann schöpfe ich aus allem nur verfügbaren Wissen, das ich durch Erfahrung erworben habe. Ich sehe nicht nur, was der Mensch alles unbewusst kommuniziert, und wovon andere meist nichts mitbekommen, sondern ich sehe, wenn ich den Menschen anschaue, auch dessen Vergangenheit, Teile von dessen Gegenwart und seine Persönlichkeitsstruktur.

Ich sehe den Menschen nicht nur – ich fühle ihn auch. Ich höre ihn und rieche ihn. Und nicht »riechen« hinsichtlich seines Geruchs, sondern hinsichtlich seiner Immunabwehr, seiner Darmprobleme, inneren Prozesse und seiner morgendlichen Rituale. Seine kreisenden Gedanken, seine ihm selbst ungeliebten Verhaltensweisen und seine Gefühle. Natürlich kann auch ich mich täuschen – aber wenn man andere Menschen derart intensiv wahrnimmt, wie ich das tue, dann weiß man, dass man sich in der Tatsache der Wahrnehmung nicht täuscht. So wie auch andere einen Menschen vor sich stehen sehen und wissen, dass sie ihn mit eigenen Augen sehen können, weiß ich, dass ich diesen Menschen mit meinem Sensorium, das ich nicht beschreiben oder lokalisieren kann, wahrnehme.

Heute weiß ich, dass alles seinen Sinn hat. Heute weiß ich, dass meine Ohnmachtsanfälle und meine Sensitivität ihren Zusammenhang haben.

Wann immer im Leben nicht alles so kommt, wie wir es uns wünschen, so stellt sich die Frage, ob wir wirklich die Realität

ändern müssen oder ob wir den Wunsch des Universums erhö-
ren sollten.

Menschen-Typen

Andere Menschen nicht gleich in eine Schublade zu stecken – sie also bewusst oder unbewusst einzuordnen – fällt jedem von uns schwer. Doch weshalb?

Unser Unterbewusstsein möchte uns mittels gedanklichen Einordnens ein Hilfsmittel bieten, um überleben zu können. Ein Beispiel ist das Raubtier, das aus dem Gebüsch springt und den Urmenschen vor den Augen der anderen anfällt und verschlingt. Folglich scheinen alle Tiere, die so aussehen, gefährlich.

Daher kommen wir jetzt zu dem wichtigen Unterschied zwischen klassischem Schubladendenken, dem oft Stereotype entspringen, und dem gedanklichen Einordnen.

Klassisches Schubladendenken ist hinderlich für echte Menschenkenntnis. Wir können Menschen nicht einschätzen, indem wir sie in eine Schublade stecken. Schubladendenken bedeutet, dass man andere Menschen in eine vorgefertigte Schablone presst, die unserem eigenen, subjektiven Bild entspricht und damit wieder unseren eigenen Erfahrungen, die hier absolut nichts zu suchen haben. Die Auswahl solcher Schablonen in unserem Denken ist zudem oft begrenzt. Und das bei bald acht Milliarden verschiedenen Persönlichkeiten auf der Welt. Reden wir von Menschen-Typen, nicht von klassischen Schubladen, sondern von Richtungen.

Es kann durchaus sein, dass ein bestimmter Typ wie die Faust aufs Auge zu einem Menschen passt, den du selbst kennst, trotzdem gehen wir beim Erkennen eines Menschen davon aus, dass er eine Mischung unterschiedlicher Typen ist. Der eine Typus mag wohl etwas dominanter erscheinen, was aber nicht die Gewichtung eines anderen Typus dieses Menschen beeinflussen sollte. Genauso, wie ich im Kapitel der Menschenkenntnis über die vier Typen der vermeintlichen Menschenkenner gesprochen habe und man nicht jeden Menschen nur einem Typus, sondern vielmehr einer Mischung aus Typen zuordnen sollte, können wir, wenn wir andere Menschen einschätzen, diese nicht in eine Schublade stecken. Jeder Typus ist wie eine Farbe. Und es gibt unendlich viele Farben, weil man sie auf unendliche Weise miteinander vermischen kann. So kann man beispielsweise sagen, dass einer eher ein blauer Mensch ist, aber hier oder da ein sehr deutliches Rot aufleuchten lässt, auf welches es bei ihm ankommt.

Statt der Schubladen sollten wir uns ein Regal vorstellen, in dem Milliarden von Akten stehen, in welchem man den einen Menschen vielleicht links oder in der Mitte oder rechts einordnen würde, zu den Akten derjenigen, die ihm vom Typ her ähneln. Die, wenn sie sich begegnen würden, zueinander sagen würden: »Lustig: Wir haben so viele Gemeinsamkeiten.« So wie das klassische Farbspektrum, das links mit Ultraviolett beginnt und rechts mit Infrarot endet. Dazwischen liegen unendlich viele Mischformen.

Die Typen, die ich nun mit dir anschauen werde, sind zu vergleichen mit den Grundfarben Rot, Blau und Gelb. Ich unterscheide Menschen in vier Typen, so unterschiedlich wie die vier Himmelsrichtungen.

Unsere Menschentypen stellen sich aus vier Untertypen zusammen: dem Rollen-Typus, dem Energie-Typus, dem Gedanken-Typus und dem Verhaltens-Typus. Diese vier Untertypen definieren, in welche Richtung der Mensch als Typ einzuordnen ist und wo er im Farbenspektrum steht.

Charakter-Typen

Wir beginnen mit dem Charakter-Typus. Diese Art Typus stellt klar, in welcher Art Rolle sich jener Mensch befindet, den wir gerade einschätzen. Dieses von mir kreierte Modell zur Analyse der Persönlichkeitsstruktur bezeichne ich als das Modell der kolorierten Persönlichkeitsinstanzen – MKPI. Koloriert aus dem Grunde, weil wir dem Modell später noch eine bedeutsame Farbe beifügen werden. Dabei differenzieren wir zwischen vier Temperamenten: Mächtigkeit bzw. Macht, Toleranz, Betroffenheit und Sensibilität.

Für jedes Temperament gibt es je zwei Rollen-Typen, die je die beiden Extreme des entsprechenden Temperaments repräsentieren. Insgesamt gibt es folglich acht Rollen-Typen.

Natürlich gibt es auch Mischformen der acht Rollentypen, und es muss auch betont werden, dass ein gewisser Typus je nach Situation aufkommt und je nach Situation eben gar nicht aufkommt. Damit wir einen Menschen den Temperamenten zuordnen können, müssten wir die Zeit messen, in der sich dieser Mensch durchschnittlich pro Tag in den unterschiedlichen Rollen befände. Dies würde uns Aufschluss darüber geben, ob besonders ein bestimmter Typus sehr oft und lange täglich präsent ist oder ob es eine Mischung aus zweien oder mehreren Typen ist. Da wir aber in der Regel den Menschen nicht 24 Stunden über beobachten und auch nicht die Zeit stoppen können, müssen wir uns auf unsere Sensibilität, Sensitivität und auch auf unsere Gabe der Selbstreflexion verlassen. Bei jedem der folgenden Typen werden dessen unterschiedliche Aspekte beleuchtet. Auch wenn die unterschiedlichen Facetten der unterschiedlichen Typen aufgezählt werden, so erfolgen die Aufzählungen ohne Wertung, weil sich bei jedem Typus eher ungünstig wirkende Aspekte mit positiven Werten die Waagschale halten. Auch wenn wir je nach Situation anderen Rollen in uns mehr Gewichtung geben, so verdeutlicht das folgende Modell der acht unterschiedlichen Persönlichkeitsinstanzen, in welche Richtung unsere innere Tendenz geht.

Das MKPI ist im Unterschied zu Horoskopen variabel, die ein Leben lang gleichbleiben. Beim MKPI hingegen kann sich der Typus mit der Zeit ändern. Je nach Lebensphase entwickeln wir uns zu einer anderen Persönlichkeit, verkörpern Jahre später einen anderen Typus. Das ist auch ein Grund dafür, warum dieses Modell privat und beruflich eine Hilfestellung gibt. Firmen nutzen es zur Teambildung, Privatpersonen zur geistigen Analyse und Weiterentwicklung.

Wir beginnen mit dem ersten Temperament des Modells der kolorierten Persönlichkeitsinstanzen – MKPI, der Macht und den dazugehörigen zwei Typen.

Macht

Die Macht stellt die gefühlte oder nach außen verdeutlichte Größe der Person dar. Wer mächtig ist oder sich zumindest mächtig fühlt, erlebt sich energetisch groß und einflussreich.

Die Macht stellt die Kraft nach oben – also den vertikalen Vektor – von Personen dar.

Das Lamm

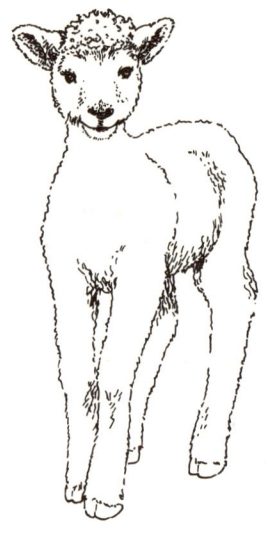

Der Lamm-Typus ist, was die Macht anbelangt, am unteren Ende angesiedelt. Er fühlt sich nicht wirklich mächtig und gehorcht den Mächtigen zu jeder Stunde. Er ist grundsätzlich ängstlich veranlagt, fokussiert die Angst, wo er nur kann, und ist dadurch auch eher pessimistisch ausgerichtet und sieht die Bedrohung oder Gefahr selbst dort, wo noch nie welche war. Er sieht immer das Haar in der Suppe – selbst dann, wenn keine Suppe serviert wird. Er kennzeichnet sich besonders dadurch, dass wir alle anderen Mächten, wie zum Beispiel politischen Mächten, Korruption oder Verschwörungen unterstellt sind. Der Lamm-Typus sieht schnell mal in anderen böse Absichten und ist aus diesem Grund heraus auch zu Beginn einer neuen Begegnung generell eher skeptisch veranlagt.

Der Lamm-Typus ist meist aus der eigenen Vergangenheit geprägt und entwickelt deshalb Stereotypen – eben klassische Schubladen. Meist ist der Lamm-Typus oftmals auch ideologisch eher extrem veranlagt und dadurch auch politisch entweder extrem stark links oder extrem stark rechts einzugliedern. Der Lamm-Typ ist nicht gleich nach wenigen Minuten auf ein gemeinsames Bier einzuladen. Generell mag er Spontanität nicht wirklich. Hingegen kann man ihn mit Strukturen und Planung gewinnen.

Der Lamm-Typus sieht im Gegenüber auch sehr schnell mal einen Gegenspieler, besonders dann, wenn man das Leid nicht mit ihm gemeinsam teilen kann. Nur wer mit ihm gemeinsam über die Geschehnisse auf unserer Welt jammert und klagt und Ängstlichkeit ausdrückt oder sich über den kapitalistisch veranlagten Chef – den Wolf – beklagt, über die politischen Intrigen und über all die Abzocker um ihn herum, schafft es in den engeren Kreis des Lamm-Typus. Dieser Typus ist oft nachtragend und nicht immer so mutig, so beispielsweise, wenn es um Themen der Selbstverwirklichung geht – vielleicht besonders deshalb, weil sich der Lamm-Typus viel mehr auf die Potenziale in der Außenwelt konzentriert, die gemeinsam erfüllt werden können, als auf die, die er alleine erfüllen kann.

Der Lamm-Typus ist wegen seines starken Schutzes nach außen und wegen seines Fokus auf die Negativitäten um ihn herum nicht allzu beliebt.

Eigentlich zu Unrecht. Ohne den Lamm-Typus gäbe es nicht so viele weltverändernde, positive Bewegungen. Der Lamm-Typus spricht Negatives um sich herum an, damit alle anderen mit ihm gemeinsam in die Handlung und in die Veränderung gehen.

Der Lamm-Typus steht für sehr viele äußerst positive Werte - so mitunter für Zusammenhalt, für Verbundenheit und für die Liebe. Er will mit seiner Herangehensweise lediglich sicherstellen, dass man geliebt werden kann, ohne dass man während des Verbreitens oder Annehmens von Liebe verletzt wird. Da der Lamm-Typus besonders gut weiß, wie schmerzhaft es sich anfühlen kann, wenn man etwas aus Liebe tut und man just in diesem Moment verletzt wird, will er verhindern, dass all jene Menschen, die er liebt - und generell die liebenden Menschen -, auf ähnliche Weise verletzt werden.

Der Lamm-Typus will mit seinem Pessimismus oder Skeptizismus lediglich verhindern, dass die Menschen, die er liebt, und nicht zuletzt er selbst, verletzt werden.

Wenn er die Gutmütigkeit und Gutherzigkeit in seinem Gegenüber sieht, kann er sich so sehr für sein Gegenüber einsetzen, dass er sich selbst dabei vergisst. Er integriert sich sehr gut - er mag die Herde, den Zusammenhalt und gemeinsames Vorgehen, um Potenziale in der Gesellschaft oder im Umfeld gemeinsam zu ändern. Zur Not würde er sich sogar auch als Einzelkämpfer zugunsten des Umfeldes in gefährliche Bereiche begeben.

Er versteht die Kunst der bedingungslosen Liebe wie kaum ein anderer - doch dafür muss er erkennen, dass ihn sein Gegenüber nicht verletzt, wenn er sich öffnet.

Wir alle sind hier und da mal in der Lamm-Rolle. Diese verletzliche Rolle manchmal empfinden zu dürfen ist wichtig. Nur so lernen wir, uns gezielt zu schützen. Schutz und Verletzlichkeit sind sich bedingende Gegensätze, die beispielsweise Familien und Beziehungen stärken. Auch die Partnerin oder der Partner darf mal verletzlich sein. Auch das Kind darf mal weinen.

Das Lamm

- steht für Zusammenhalt
- ist sehr gutmütig und gutherzig
- lehrt andere, wie man sich richtig schützt und abgrenzt
- schützt und beschützt seine Liebsten
- fühlt sich schnell von mächtigen Menschen instrumentalisiert
- ist eher pessimistisch und ängstlich
- verfolgt oftmals extreme Ideologien
- ist nicht sehr mutig und eher auf Sicherheit ausgerichtet

Der Wolf

Der klassische Wolf-Typus ist ganz oben auf der Macht-Ebe-
ne einzuordnen und sieht sich selbst als raffiniertes, cleveres
Wesen, das für sich oder für seine Sippe stets irgendwo einen
Vorteil gewinnen kann. Auch dann, wenn dafür die eine oder
andere Gesellschaftsregel gebrochen werden muss. Regeln sind
ja schließlich dazu da, um gebrochen zu werden, denn bekannt-
lich bestimmt die Ausnahme die Regel.

Der Wolf-Typus hat gelernt, dann zuzugreifen, wenn sich
die Chance ergibt. Auch dann, wenn man sich etwas vordrän-
gen muss, um zugreifen zu können. Der Wolf-Typ beschäftigt
sich nicht so stark mit Themen wie Empathie oder Achtsamkeit – und wenn, dann primär, um die Selbstliebe zu stärken,
indem er Empathie und Achtsamkeit als Mittel zum Zweck

nutzt, um sich selbst oder seinen Liebsten etwas Gutes zu tun.

Für den Wolf-Typ ist klar, dass man in der Gesellschaft stark sein muss, um gewinnen zu können. Für ihn stellen die Lämmer keine Bedrohung dar, und er nutzt diese, um sie zu seinen Vorteilen zu instrumentalisieren. Er beherrscht die Fähigkeit, die Lämmlein so zu manipulieren und angstgesteuert dorthin zu lenken, wo er sie gern haben möchte. Oft ist er Einzelkämpfer, um seine Ziele zu erreichen.

Der Wolf-Typ ist vom Sensorium her eher grob und laut. Er könnte zwar sehr wohl zwischen den Zeilen lesen, doch ist sein Fokus meist derart durch seine Zielsetzung eingegrenzt, dass er gar nicht dazu kommt.

Der Wolf-Typ ist in der Regel nicht multitaskingfähig. Sein Fokus liegt auf seiner persönlichen Zielsetzung. Diese ist auch von seinem inneren Drang beeinflusst, aus allem immer das Beste rausholen zu müssen. Mit Mittelmäßigkeit gibt sich der Wolf-Typ nicht zufrieden, weil er zu narzisstischen, kontrollierenden wie auch eifersüchtigen Neigungen tendiert. Der Wolf-Typ lässt sich nicht gern an der Erfüllung seiner Zielsetzung oder in seiner Übereifrigkeit hindern.

Der Wolf-Typus wird in der Gesellschaft unwillkürlich verurteilt, auch dann, wenn er sich mit seinen Taten im Gesetzesrahmen befindet.

Eigentlich zu Unrecht. Der Wolf-Typus ist derjenige, der für seine Sippe und grundsätzlich für seine Gesellschaft in den Kampf ziehen würde. Er geht ein Risiko ein wie kaum ein anderer. Wäre der Wolf-Typus nicht, so würde es in der Gesellschaft weniger Recht und Ordnung geben. Auch bei gesellschaftlichen

Bedrohungen stellt er sich gerne an die vorderste Front, um für sein Volk, sein Rudel zu kämpfen. Er ist gerne das Alphatier oder mindestens eines der Alphatiere und deshalb auch ein dankbarer Abnehmer für Verantwortung. In brenzligen Situationen ergreift er Initiative und rettet dadurch nicht selten sein Rudel. Gäbe es den Wolf-Typus nicht, würde es an viel Mut in der Gesellschaft wie auch an Fortschritt in der Gesellschaft mangeln, denn Fortschritt und Mut sind nicht selten Kräfte, die miteinander korrelieren.

Der Wolf-Typus sorgt mit seinem Hang zur ehrlichen Aussprache für Reinheit im persönlichen Umfeld. Er mag keine Lügner, die ihm oder seinen Liebsten falsche Tatsachen vorgaukeln.

Mit seiner Selbstsicherheit ist er oft Vorbild für andere. Er spricht nicht nur davon, was man tun sollte, sondern setzt dies auch um. Ein Macher.

Gäbe es den Wolf-Typus nicht, so wäre die Welt von übermäßiger Passivität betroffen. Man würde nicht handeln und es gäbe keine Gesetze und Regeln, die unser System funktionstüchtig halten. Es gäbe auch viele sehr wichtige und überlebensnotwendige Dinge nicht, weil der Wolf die Lancierung dieser Dinge koordiniert und führt. Der Wolf-Typus lebt den Spruch »Lass uns die Welt verändern!«. Und ist deshalb ein sehr wichtiges, führendes Glied in der Kette der Menschen, die Dinge entwickeln, die unser Leben einfacher und lebenswerter gestalten. Wir könnten gewiss jetzt noch keine E-Mails von unterwegs aus versenden und Heilmittel für kleinste Krankheiten zu uns nehmen, gäbe es nicht den Wolf-Typus, der die Entwicklung gestartet und vorangetrieben hat. Der Wolf-Typus steht zu seiner Macht und lebt diese auch aus. Er mag es, gelobt zu werden –

im Gegenzug jedoch ist er auch eines der Wesen, das gerne lobt, dort, wo er es als plausibel und als nützlich ansieht.

Wer den Wolf-Typus gut kennt, weiß, dass der Wolf seine Liebsten, sein Rudel, mit seinem Leben schützt. Er steht extrem für die Liebe – die bedingungslose Liebe – ein, zumindest da, wo er es will.

Der Wolf

- ist mutig und ergreift Initiative
- riskiert für seine Liebsten auch mal Kopf und Kragen
- will Positives bewirken und die Welt positiv verändern
- kann gut kommunizieren
- hat keinen großen Bezug zur Gefühlswelt anderer
- sieht andere schnell mal als seine Assistenten und als sein Rudel
- nutzt andere ungeniert als Mittel zum Zweck
- kann Kontrolle nur schwer abgeben

Betroffenheit

Die Betroffenheit ist die horizontale Kraft, die mich zu anderen zieht oder die mich völlig bei mir sein lässt. Die Betroffenheit ist folglich der horizontale Vektor zwischen der Person und ihrem Gegenüber. Jeder hat eine gewisse Distanz zu anderen, die er wahren möchte. Die einen wollen relativ nahe beim Geschehen und beim Gegenüber sein. Andere wollen möglichst nur bei sich selbst sein.

Die Biene

Der Bienen-Typus weist eine sehr geringe Betroffenheit auf und bevorzugt es, sein Ding zu machen. Er ist fleißig und zielstrebig und entzieht sich deshalb schon fast intuitiv jenen Situationen, die risikoreich oder die spannungsgeladen sind. Wer beim Bienen-Typus auf Hilfe oder Rettung hofft, muss gefasst bleiben. Denn Hilfe oder gar Rettung wird nie erfolgen. Denn der Bienen-Typus lebt ganz gemäß der Weisheit: »Schicksal eben«. Und überlässt deshalb die Leute um sich herum dem eigenen Schicksal.

Was beim Bienen-Typus oftmals sehr verletzend ist, ist die Tatsache, dass er kaum konfrontationsfähig ist. Er mag es nicht, über Dinge zu reden, die ihn persönlich nicht betreffen. Und selbst bei Themen, die ihn betreffen, tut er so, als würden ihn diese nichts angehen und lenkt sich dann auch sehr schnell mit irgendetwas ab, worin er sich mit Fleiß und Zielstrebigkeit üben kann.

Das Markanteste am Bienen-Typus ist, dass er nicht kommuniziert. Er lebt jeden Tag genau gleich, denn für ihn gibt es nur eins: Routine. Alles muss für ihn folglich auch ein routinekonformes Schema im Hintergrund haben. Das beginnt schon bei Kleinigkeiten: Das Handtuch in der Küche muss maximal zehn Zentimeter vom Spülbecken positioniert sein, damit es keine Wassertropfen von den nassen Händen auf dem Boden oder sonst wo gibt.

Jeder Handgriff und Gedankengang ist pragmatisch, routiniert und schon fast maschinell ausgeführt.

Das Ziel: Aufwand und Energie sparen, wo nur möglich, denn die brauchen wir ja für unsere Fleißarbeit.

Weil der Bienen-Typ so sehr für seine einstudierten und energiesparenden Prozesse lebt, kann man auch nur dann mit ihm reden, wenn das Thema Teil seines Prozesses ist.

Was beim Bienen-Typ für viele sehr schwierig ist, ist die Tatsache, dass er sich auch dann den persönlichen Themen und der Stellungnahme entzieht, wenn man auf seine Unterstützung oder auf den Zusammenhalt hofft.

Was den Bienen-Typus jedoch so wichtig macht, ist, dass wir ohne sein prozessorientiertes Denken und ohne seinen Fleiß weder täglich unser Essen in den Regalen der Supermärkte vorfinden noch in unseren warmen vier Wänden derart gemütlich leben könnten. Der Bienen-Typ ist genau für die Arbeit zu faszinieren, für die sonst niemand Begeisterung aufbringen kann: beispielsweise lange Autofahrten mittels Lkw zurückzulegen, nur damit die Regale in den Supermärkten gefüllt sind, oder stoisch Stein auf Stein zu mauern, damit eine Familie ihr Zuhause bekommt.

Ohne die fleißige Biene, die täglich den Blütenstaub verteilt, weil sie weiß, dass dies das Überleben der Gesellschaft sichert, würde es uns alle gar nicht geben.

Deshalb sollte man dem Bienen-Typus auch nicht übel nehmen, dass er neben seiner Fleißarbeit weder Zeit noch Ambition findet, um in tiefgründige Gespräche einzutauchen. Dafür können wir von ihm sehr gut lernen, wie wir Negatives an uns vorbeiziehen lassen können und uns von nichts und niemandem getroffen fühlen müssen, außer von unseren eigenen Prozessen.

Zumal der Bienen-Typus der Bienenkönigin gehorcht, die – was tiefgründigere Themen anbelangt – die Einsicht und das Wort hat.

Die Biene

- ist sehr fleißig und zuverlässig
- findet Faszination in Dingen, die andere nicht faszinieren
- kann uns lehren, wie wir Negatives an uns vorbeiziehen lassen
- kann uns Demut lehren
- überlässt andere eher dem eigenen Schicksal
- findet Themen wie »Harmonie« nicht wirklich wichtig
- ist eher ein Einzelgänger

– hat »autistische« Züge und mag nichts Unerwartetes
  oder Mutiges

Der Hund

Der Hunde-Typus ist das Abbild der Betroffenheit. Der Hund ist des Menschen bester Freund und deshalb auch sehr nah an sensiblen Stellen und an sensiblen Informationen. Der Hund will überall beliebt sein. Dabei gehorcht er gedankenlos jedem, der ihm sein Fressen gibt. Denn was gibt es Schöneres, als Fressen zu bekommen und gestreichelt zu werden?

Der Hunde-Typus investiert seine Zeit dort, wo man ihm Fressen, Zuneigung und Spiel anbietet. Und wer das Beste anbietet, bekommt seine größte Aufmerksamkeit.

Für viele Menschen ist es verletzend, wenn der Hunde-Typus plötzlich anderen Menschen Zeit und Aufmerksamkeit schenkt, nur weil er weiß, dass dabei etwas für ihn herauskommt. Im Grunde macht er das nicht aus Boshaftigkeit, dennoch liegt dem Ganzen eine Berechnung zugrunde.

Besonders verletzend ist es dann, wenn der Hunde-Typus sogar unseren Feinden Beachtung schenkt, nur weil er weiß, dass auch dort für ihn etwas herausspringt, obschon wir doch von ihm erwarten würden, dass er zu uns hält, weil er zu uns gehört und nicht zu unserem Feind, nur weil der ihn gerade füttert und streichelt.

Dies fühlt sich gar schnell mal als Form von Vertrauensbruch an. Und weil sein Fokus auf Beliebtheit bei anderen sehr groß zu sein scheint, kann man sich nie darauf verlassen, dass er in allen Situationen zu uns hält, indem er sich gemeinsam mit uns gegen die feindliche Person verbünden würde.

Der Hunde-Typus kennt keine übergreifende und langfristige Untreue. Er entscheidet sich insgeheim, auch wenn er es nicht immer gleich zeigt, für seine Hauptbezugsperson, sein Frauchen oder Herrchen. Meist ist dies die Haupt-Futterperson oder die Person, die anderweitig sein Herz erobern konnte. Und auch wenn er woanders zu essen oder Streicheleinheiten einholen geht, so ist für ihn die Verbindung zu seiner Hauptbezugsperson sehr zentral und einzigartig. Andere Futtergeber können gar nicht einen solch tiefen Bezug zu ihm herstellen, wie seine Hauptbezugsperson das kann.

Deshalb folgt er seinem Frauchen oder Herrchen auf Schritt und Tritt und kommt immer wieder zurück zu ihr bzw. ihm. Auch wenn die Trennung über viele Tage, Wochen oder gar Jahre vorhanden war, so findet der Hunde-Typus selbst nach Jahren wieder zurück zu seinem Frauchen oder Herrchen, und der besondere Stellenwert bleibt.

Was der Hunde-Typus gar nicht mag, ist Disharmonie. Deshalb ist er sehr schnell von spannungsgeladenen Situationen betroffen wie auch von negativen Äußerungen. Er versucht, die Situationen dann meist so zu retten, dass das Ganze wieder in Harmonie endet.

Deshalb kann man, wenn man auf Rettung hofft, auch auf den Hunde-Typus setzen. Er ist sofort zur Stelle, wenn es brennt. Er ist und bleibt der treue Retter in Not.

Der Hund

- will überall beliebt sein – selbst bei den Feinden der Freunde
- ist berechnend und weiß genau, was zu tun ist, um gut anzukommen
- schenkt denen Aufmerksamkeit, die ihm Essen und Streicheleinheiten geben
- kann schlecht »Nein« sagen, nicht mal dann, wenn es aus Treue besser wäre
- fühlt eine tiefe Treue in sich: Es gibt für ihn nur ein Frauchen oder Herrchen
- sieht das Gute im Menschen und ist auch mal Retter in letzter Not
- will, dass andere sich gut verstehen, und ist ein erfolgreicher Mediator
- Harmonie ist ihm sehr wichtig

Sensibilität

Die Sensibilität misst sich an dem Schutzwall, den ein Mensch um sich herum aufbaut wie eine Hülle, die ihn umgibt und schützt. Diese Hülle kann sehr dick sein, folglich ist die Sensibilität eher gering und die Person auch weniger empfänglich für die Außenwelt. Ist diese Hülle eher dünn und fragil, so ist die Sensibilität hoch und demnach auch die Empfänglichkeit durch die Außenwelt.

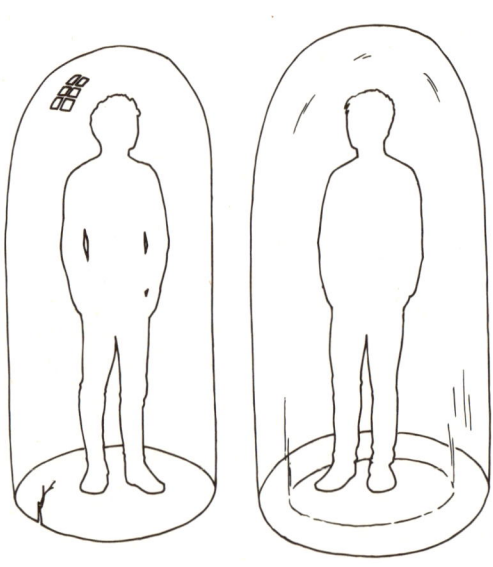

Das Reh

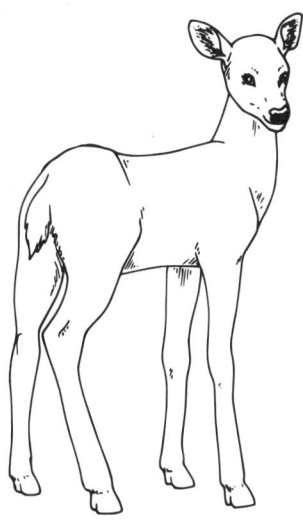

Der Reh-Typus weist einen dünnen Schutz – eine eher dünne, es umgebende Hülle – auf.

Der Reh-Typus lebt eher zurückgezogen und ist aber umso sensibler. Er mag Disharmonie überhaupt nicht und versucht, sich dieser möglichst schnell zu entziehen, sobald er sie spürt.

Der Reh-Typus spricht auch nicht gerne über Gefühle, da er Angst hat, verletzt zu werden. Er ist in mancherlei Hinsicht schon beinahe etwas zu übersensibel. Dies erkennt man beispielsweise daran, dass der Reh-Typus sehr nachtragend sein kann. Wer den Reh-Typus einmal stark verletzt hat, wird bei ihm nie wieder einen hohen Stellenwert erhalten.

Weil Verletzungen für das Reh ein Tabu sind, darf man beim Reh-Typus auch nicht auf Ehrlichkeit hoffen. Denn Ehrlichkeit

könnte verletzend sein. Deshalb wird das Reh sehr gerne ange-
logen, was sich weniger verletzend anfühlt als die Wahrheit. Im
Gegenzug lügt das Reh auch sehr gerne und weiß meist selbst
gar nicht mehr, was nun wahr ist und was nicht, weil die Angst
vor der Verletzung durch die Wahrheit zu groß ist, als dass das
Reh die Wahrheit überhaupt noch finden könnte. Genauso
wie ein Reh im Wald, das sich vor Jagdhunden versteckt, will
der Reh-Typus am liebsten in seiner von Naivität erfüllten und
dadurch von Disharmonie befreiten Welt leben und in Ruhe
gelassen werden.

Wer erwartet, vom Reh-Typus in Schutz genommen zu
werden, liegt falsch. Für den Reh-Typus geht sein eigener, persönlicher Schutz vor. Da er glaubt, dass alle anderen sowieso
mächtiger sind als er, schützt er an erster Stelle immer sich
selbst. Deshalb haben die Reh-Typen eine Manier, die vielen
gar nicht passt, und zwar jene, dass sie, sobald es brenzlig wird,
einfach davonlaufen. Selbst dann, wenn es ein wirklich wichtiger Moment oder ein wichtiges Gespräch wäre, bei dem man
auf den Reh-Typus gehofft hatte. Er ist grundsätzlich anderen
gegenüber sehr passiv – und lässt sich auch schneller als andere
Charaktere unterdrücken und herumkommandieren.

Diese Eigenschaft weist der Reh-Typus jedoch nur deshalb
auf, weil für ihn Vertrauen ein sehr wichtiger, wenn nicht gar
der wichtigste Wert ist. Je mehr Vertrauen dir das Reh schenkt,
desto offener getraut es sich, mit dir zu sprechen.

Wenn du jemandem darin vertrauen kannst, dass er nichts
überstürzt, dann dem Reh-Typus. Wenn er etwas Verletzendes
tut, dann als Auswirkung einer anderen Handlung und eigentlich nur, um dich nicht zu verletzen.

Das Reh ist loyal und spricht in der Gesellschaft nicht gern schlecht von anderen, weil es selbst die Form der Disharmonie nicht mag.

Das Reh hat eine bewundernswerte Konsequenz: Es entzieht sich allem Negativen und somit auch allen negativen Menschen. Meist in sehr engen Beziehungen lebend, stellt das Reh das Vertrauen und die Treue in der nahen Beziehung über alles andere. So kann es durchaus möglich sein, dass der Reh-Typus sich zwar mit der Zeit von einem Partner in einer engen privaten Beziehung schlecht behandelt fühlt, aber dennoch an dessen Seite bleibt, weil Treue für das Reh größer geschrieben wird als Disharmonie.

Würde es den Reh-Typus nicht geben, so wäre die Welt nicht annähernd so sehr gefüllt mit den wohl wichtigsten Werten zwischenmenschlichen Beisammenseins: Vertrauen, Treue und Beständigkeit.

Dank dem Reh-Typus bleiben diese Werte am Leben!

Das Reh

- ist sehr sensibel und empathisch
- schreibt »Vertrauen« ganz groß
- findet Treue auch in schwierigen Situationen sehr wichtig
- stellt sich selbst hinten an, damit es anderen gut geht
- kann Konflikte nicht gut austragen
- spricht aus Angst vor Ablehnung nicht gerne über seine Schwächen

- ist eher naiv veranlagt
- kann andere nicht gut beschützen

Das Rhinozeros

Der Rhinozeros-Typus weist einen eher dickeren Schutz – eine dicke, ihn umgebende Hülle – auf.

Der Rhinozeros-Typos ist das Abbild für fehlende Sensibilität. Er ist allgemein sehr grob im Umgang mit anderen, fällt oft gleich mit der Tür ins Haus und hat die Neigung, auch sensible Themen ungehemmt anzusprechen. Wer glaubt, beim Rhinozeros auf Empathie stoßen zu können, ist fehl am Platz. Denn dieser Typus hat keine Affinität für Themen wie Achtsamkeit oder Empathie, was für andere den Umgang mit dem Rhinozeros nicht einfach macht. Der Rhinozeros-Typus merkt nicht, welche Aussagen verletzenden Charakter haben könnten, und er merkt auch nicht, wann du dich verletzt fühlst. Er versteht erst dann Signale, wenn diese eine gewisse Intensität aufweisen. Traurigkeit erkennt der Rhinozeros-Typus nicht in deinen Augen, sondern erst, wenn Tränen fließen. Ebenfalls erkennt er Disharmonie meist erst dann, wenn sie für die Beteiligten schon hochgradig prägend ist.

Der Rhinozeros-Typus hat ein allgemein eher dominantes Auftreten. Das ist auch seine Art, Konflikte auszutragen: ansprechen, Stellung halten, Meinung sagen. Mit seinem fehlenden Taktgefühl verspielt er viele Chancen. Seine fehlende Empathie hat auch zur Folge, dass er glaubt, die Welt bestünde nur aus seiner Perspektive, und er deshalb einen eher egozentrischen Erzählstil wie auch Umgang mit anderen hat: Seine Meinung ersieht er als die allgemein gültige, da es ihm sehr schwerfällt, durch die Augen anderer zu blicken.

Deshalb sollte man von ihm auch nicht erwarten, dass er seinen Emotionen Ausdruck verleiht – denn darin tut sich der Rhinozeros-Typus sehr schwer. Emotionen sind für ihn im Grundsatz ein schwieriges Thema. Er ist in der Welt der Fakten und des Greifbaren zu Hause. Deshalb hofft man bei ihm auch vergeblich auf tiefgründige Gespräche.

Das macht den Rhinozeros-Typus schwer durchschaubar und bereitet vielen Leuten Mühe, denn bei ihm weiß man nie, wie es im Inneren wirklich aussieht. Sollte nach einer gefühlten Ewigkeit ein Kompliment seitens des Rhinozeros-Typus folgen, bleibt unklar, ob das ein ehrlich gemeintes ist oder ob es sich um einen antrainierten Mechanismus handelt.

Worum der Rhinozeros-Typ zu beneiden ist, ist seine enorme Resilienz. Er ist geistig sehr widerstandsfähig und lässt sich so schnell nicht aus der Bahn werfen. Er weiß, welche Macht er aufbringen kann. Seine dominante Art hilft anderen, über Prägendes oder Unwichtiges hinwegzusehen. Mit seiner starken Präsenz strahlt er Sicherheit aus. Deshalb fühlen sich viele, besonders sensible Menschen, im Umfeld des Rhinozeros-Typus so sicher.

Rhinozeros-Typen haben häufig daher auch beruflich eine etwas angesehenere Position, weil sie Sicherheit vermitteln und die dafür notwendige dicke Haut haben. Eine Eigenschaft, von der sich viele andere Typen eine Scheibe abschneiden können, denn es ist wichtig, über Dinge hinwegblicken zu können, die wir sowieso nicht mehr ändern können.

Ohne den Rhinozeros-Typus gäbe es deutlich mehr Konflikte, Gewalt, denn der Rhinozeros-Typus, der oft auch als eine Art Alphatier fungiert, stellt für all jene eine Sackgasse dar, die versuchen, Abmachungen und Regeln zu brechen.

Der Rhinozeros-Typus findet in der Politik, bei der Polizei wie überall dort Platz, wo Sensibilität eher hinderlich wäre. Würde es dort den Rhinozeros-Typus nicht geben, so würde auf unserem Planeten das absolute Chaos herrschen.

Das Rhinozeros

- ist mit seiner Stärke und Resilienz ein Vorbild für viele
- hat eine starke Präsenz und strahlt Sicherheit aus
- kann leicht und schnell über Negatives hinwegsehen
- kann Dinge schnell auf den Punkt bringen
- ist eher grob und mit wenig Feingefühl

- kann nur schwer tiefgründige Gespräche führen
- bringt selten Empathie auf und ist auch nicht so gut
  darin
- findet Fakten und Beruf wichtiger als Gefühle und
  Beziehung

Toleranz

Die Toleranz ist die Fähigkeit, in das Gegenüber hineinzublicken. Folglich betrifft die Toleranz die das Gegenüber umgebende Hülle und wie die betroffene Person sie sieht. Ist das Gegenüber sehr tolerant, so sieht es durch die schützende Hülle des Gegenübers hindurch. Ist das Gegenüber intolerant, so kann es durch die schützende Hülle des Gegenübers nicht hindurchschauen oder will es nicht.

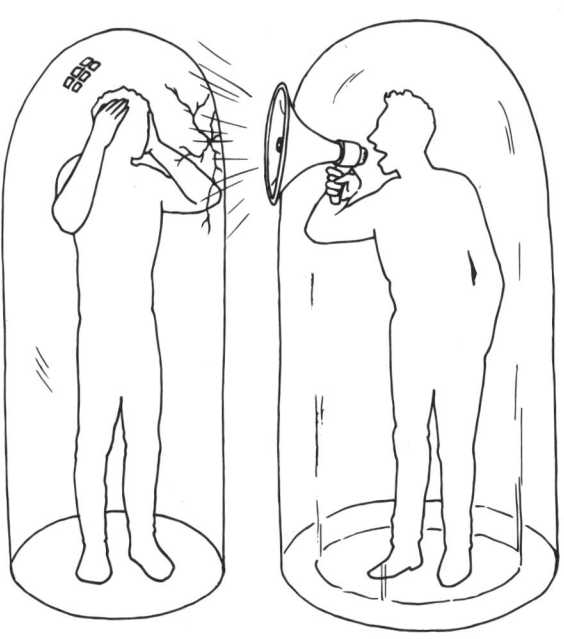

Das Chamäleon

Der Chamäleon-Typus kann Fehlverhalten anderer gut tolerieren, weil er die Fähigkeit besitzt, durch den Schutz des Gegenübers hindurchzublicken und im Gegenüber das Positive zu erkennen.

Der Chamäleon-Typus ist bekannt dafür, dass er ständig seine Farbe ändert. Dies macht ihn nur schwer durchschaubar. Man weiß nicht, welches seine Grundfarbe ist. Man weiß nicht, welches seine wahren Gedanken und seine wahren Einstellungen sind, weil er bei Freunden etwas anderes, als zum Beziehungspartner – und diesem nochmals was anderes, als seinen Arbeitskameraden. Der Chamäleon-Typus hat keine deutlich herausragende Persönlichkeit, sondern möchte bei allen gut ankommen und tarnt sich mit der Umgebungsfarbe, wann immer es brenzlig wird. Dem liegt viel Verletzungspotenzial zugrunde, besonders wenn man erfährt, dass der Chamäleon-Typus in anderen Gruppen ganz andere Dinge sagt als uns, was sich wie eine Lüge anfühlt.

Der Chamäleon-Typ ist ein klassischer Mitläufer. Was die anderen tun, tut er auch – selbst wenn es nur zu seinem Schutze ist. Denn seine größte Angst ist die, aus der Gruppe ausgeschlossen zu werden oder andere Menschen enttäuschen zu müssen.

Deshalb tanzt er oftmals auf mehr Hochzeiten, als es seine 24 Stunden täglich möglich machen würden. Erstaunlich ist, dass der Chamäleon-Typ sogar seinen ihm nahesten Menschen nicht die volle Zeit schenkt, damit noch etwas Zeit übrig bleibt, die er anderen Menschen, die ihm nicht so nahestehen, widmen kann. Andernfalls könnte ihm ja drohen, dass er diese ihm nicht wirklich nahestehenden Menschen enttäuscht.

Es gelingt ihm also nicht, Prioritäten zu setzen. Und Nein zu sagen ist für ihn die reinste Qual. Am liebsten würde er sich täglich zehnteilen, nur damit er allen Menschen, die ihn beanspruchen wollen, gleich viel Zeit widmen kann.

Sein ständiges Anpassen hat auch zur Folge, dass man mit ihm nie wirklich sehr tiefgründige Gespräche führen kann. Denn er kann zu jedem Bereich und zu jeder Perspektive Stellung beziehen und jede Perspektive auch vertreten, was dann aber zur Folge hat, dass er nicht bei jeder Perspektive in die Tiefe gehen kann, weil die Perspektiven mehr antrainiert sind. Denn der Chamäleon-Typ weiß ganz genau, was sein Gegenüber hören will und was er sagen muss, damit er einen guten Eindruck hinterlässt.

Das hat zur Folge, dass er seine Bedürfnisse und seine tiefsten Wahrheiten anderen Menschen aus Angst zu enttäuschen, nicht erzählt.

Schnell wirft man dem Chamäleon-Typus vor, er habe keine Persönlichkeit, wobei vollkommen vergessen wird, dass eben gerade dies seine Persönlichkeit ist: die Facettenbreite unseres Universums. Er liebt es, in jeder Perspektive das Positive zu sehen. Im Allgemeinen könnten wir alle von ihm etwas sehr Wesentliches lernen: nämlich das Positive in allem zu sehen.

Seine Flexibilität ist zugleich seine Lebensphilosophie. Er kann sich für sämtliche Perspektiven begeistern. Er ist grundsätzlich schnell begeisterungsfähig. Zudem ist er auch äußerst harmoniebedürftig. Er kann Spannungen in der Luft nicht ausstehen und tut so gut wie alles, um die Spannung wieder verpuffen zu lassen. Selbst dann, wenn er selbst etwas für andere ausbügeln muss.

Zusammenhalt wird für das Chamäleon groß geschrieben. Denn für ihn gibt es kaum etwas Wichtigeres als Familie, Beziehung und Freunde.

Das Schöne an den Chamäleon-Typen ist, dass man wunderbar mit ihnen philosophieren kann. Sie sind fähig, gute Gespräche zu führen, und vor allem sind sie sehr gesellschaftsfähig. Man kann sie nahezu in jede erdenkliche Personengruppe stecken, und schon werden sie sich irgendwie harmonisch verständigen können.

Sie sind auch sehr gute Verkäufer, weil sie diese Flexibilität in der Persönlichkeit und ihren Einstellungen aufweisen und so jedem die Seite eines Produktes oder einer Dienstleistung, aber auch privat eine Lösung präsentieren können, die das Gegenüber braucht.

Chamäleon-Typen sind auch sehr gute Mediatoren. Sie können äußerst gut schlichten, aber auch einen kollektiven Kompromiss für alle Beteiligten vorschlagen.

Da der Chamäleon-Typus so sehr für Frieden, Harmonie und Zusammenhalt steht, wäre unsere Welt ein weitaus konfliktgeladenerer Ort, gäbe es die Chamäleons nicht.

Das Chamäleon

- sieht in allen Perspektiven etwas Positives und ist sehr flexibel
- ist begeisterungsfähig und unterstützt das Vorhaben anderer
- strebt überall Frieden und Harmonie an
- ist sehr anpassungsfähig und pflegeleicht im Umgang.
- ist ein klassischer Mitläufer
- schenkt oftmals aus Drang nach Beliebtheit den Falschen Aufmerksamkeit
- lässt nicht durchblicken, welches seine wahre Identität ist
- lügt situativ häufig aus dem Drang nach Beliebtheit heraus

Die Schlange

Der Schlangen-Typus kann Fehlverhalten anderer nicht verstehen, weil er nicht die Fähigkeit besitzt, durch den Schutz des Gegenübers hindurchzuschauen und die Reinheit des Gegenübers zu erkennen.

Der Schlangen-Typus ist sehr gefeit. Er ist analytisch sehr begabt und kann andere sehr gut so beeinflussen, dass diese gar nicht wirklich merken, dass sie beeinflusst werden. Er kann demnach auch manipulativ sein. Er kennt die Achillesferse seines Gegenübers genau und kann auf fühlbare Art so sehr in die Wunde drücken, dass jeder gefügiger wird und dem Schlangen-Typus unwillkürlich mehr Aufmerksamkeit schenkt.

Der Schlangen-Typus kann in einem Konflikt den Spieß

immer so drehen, dass sich sein Gegenüber als schuldig empfindet, auch wenn es unschuldig ist.

Die Schlange hat ihr Gegenüber immer sehr unter Kontrolle. Kontrolle ist für die Schlange eines der wichtigsten Gefühle. Deshalb mag die Schlange auch überhaupt nicht, wenn man sie belügt, denn belogen zu werden ist eine Form drohenden Kontrollverlustes.

Für die Schlange gilt: Vertrauen ist gut – Kontrolle ist besser.

Der Schlangen-Typus weiß ganz genau, wie er sich seine Vorteile verschafft. Er weiß genau, wie er sich um sein Gegenüber schlängeln muss, um dadurch zu seinem Profit zu gelangen. Kaum ist der Profit vorhanden, hat sich die Schlange wieder davongeschlichen.

Deshalb darf man der Schlange auch nicht alles glauben. Sie beherrscht die Kunst, das Gegenüber so einzulullen, damit alles sehr echt und glaubwürdig klingt, aber in Wirklichkeit nur Mittel zum Zweck ist.

Der Schlangen-Typus kann mit der harten Wirtschaftswelt sehr gut umgehen, weil er genau weiß, wo er wie weit gehen und die Sache bis ans Limit ausreizen kann.

Dadurch erzielt der Schlangen-Typus jeweils wunderbare Erfolge, die weniger mutige Menschen niemals in dieser Windeseile erlangt hätten.

Der Schlangen-Typus verbündet sich sehr gerne mit Gleichgesinnten, aber ist selbst in diesen Kreisen vorsichtig, was er wem sagt, damit nichts auf den Schlangen-Typus zurückfallen kann.

Er kann also Situationen und die Verhaltensweisen anderer Menschen sehr gut berechnen.

Der Schlangen-Typus hat jedoch einen wesentlich schlechteren Ruf, als er ihn verdient hat. Dies kommt wohl aus dem archaischen Trieb des Menschen, dass er Schlangen als gefährlich identifizieren muss. Völlig zu Unrecht, denn gäbe es den Schlangen-Typus nicht, so würden wir noch heute unser Feuer mit Steinen entfachen.

Der Schlangen-Typus schafft es, Lösungen binnen schnellster Zeit zu erzielen. Genauso schnell, wie die Schlange zubeißen kann, kann sie eben auch gute Ideen in Taten umsetzen.

Die Schlange kann außerdem sehr gut vorausschlängeln und die Herde hinterherziehen lassen. Sie begibt sich auch gern mal für andere in risikoreiche Situationen, jedoch will sie dann für ihren Mut auch belohnt werden. Neben dem Mut, den sie uns lehrt, bringt sie uns auch bei, wie wir unabhängig sein können, wenn sie uns nicht zuvor in ihre Abhängigkeit verführt.

Wir alle können von der Schlange lernen, wie man sich gegenseitig in positiver Hinsicht verführt und für das Positive begeistert.

Was die Schlange ganz besonders auszeichnet, ist ihre beschützende Art. Sie weiß, dass sie auf andere einen eher mächtigeren und einflussreicheren Eindruck macht, und nutzt dieses zugunsten ihrer Liebsten auch gern mal aus. Sie beschützt ihre engsten Vertrauten. Deshalb stehen für die Schlange Beziehungspartner, Familie und wahre Freunde gleich an zweiter Stelle nach ihr, die an erster Stelle steht. So lehrt sie uns auch Selbstliebe, wie kaum ein anderer Typus es kann.

Ein intaktes Wertesystem ist der Schlange sehr wichtig. Sie beschützt ihre Werte wie auch ihre Liebsten so, wie sie ihre Eier beschützt.

Was die Schlange neben all ihrem Mut, ihrem Machertum, ihrer Fähigkeit zur Selbstliebe und ihrer Unabhängigkeit ebenso auszeichnet, ist ihre Ehrlichkeit, die sie in ihrem tiefen Inneren mit sich trägt.

Weil sie sich selbst wirklich liebt, akzeptiert sie auch ihre eigenen Macken und steht zu ihren eigenen Fehlern, weil sie weiß, dass all dies nur zu menschlich ist.

Die Schlange

- kann andere für positive Seiten einer Sache gewinnen
- schreibt »Werte« ganz groß
- tut alles für ihre Liebsten
- kann gut zu ihren Fehlern stehen
- hat eine manipulative Ader
- kann es immer so aussehen lassen, als wäre sie unschuldig
- hat einen Hang zur Kontrollsucht
- kann Vor- und Nachteile gut abwägen und gilt deshalb oft als berechnend

Energie-Typen

Energie ist alles. Alles ist Energie. Diesem Grundsatz folgt man in der Chemie, in der Physik, grundsätzlich in Naturwissenschaften ebenso wie in spirituellen Bereichen. Nicht nur das, was wir essen und trinken, ist Energie, sondern auch unsere Zellen, unsere Gedanken und unsere Worte.

Diese Erkenntnis, dass sich alles auch irgendwo auf energiebasierter Ebene abspielt, dient uns, Menschen in ihren Energiebereich einzuordnen.

Jeder Mensch weist eine Grundenergie auf. Diese Grundenergie führt zu einer Grundfrequenz. Diese wiederum ist empirisch messbar. Jedes Atom hat seine Grundfrequenz. Jede Zelle hat ihre Grundfrequenz. Folglich hat auch jedes Wort seine Frequenz. Frequenz ist Energie.

Damit wir erkennen können, welche Formen von Energien die Menschen um uns herum aufweisen, sollten wir ein Bewusstsein über die unterschiedlichen Energieformen entwickeln.

Wenn wir wissen, welche Energie unser Gegenüber aufweist, können wir abwägen, welches die innere Grundhaltung des Gegenübers ist. Anhand dieser Grundfarbe können wir für uns abschätzen, ob diese Person uns guttut oder eben nicht.

Die folgenden Energie-Typen werden in Form einer Farbe dargestellt, welche aber nichts mit vergleichbaren Aura-Farben zu tun haben, sondern die entsprechende Farbe soll das Energie-Temperament der Persönlichkeit repräsentieren.

Die blaue Energie

Menschen, die die blaue Energie als ihre Grundenergie in sich tragen, sind Menschen, die eher introvertiert sind, sich mehrheitlich zurückziehen.

Der typisch blaue Mensch ist wie das Wasser unserer Erde: grundsätzlich ruhig, immer etwas fließend, mit vereinzelt wilderen Phasen. Er hat einen sparsamen Energieverbrauch, respektive setzt er die Energie, die ihm gespendet wird, effizient ein.

Der blaue Mensch setzt sich nicht gerne in Szene und trägt nicht gern viel Verantwortung. Deshalb sind blaue Menschen selten in einer beruflich führenden Position, sondern wollen es eher unkompliziert, ohne viel Verantwortung, dafür mit der Möglichkeit, sehr schnell wieder frei und unabhängig sein zu können. Auch mag er es gemütlich und verwöhnt sich gern.

Blaue Menschen sind Menschen, die rein statistisch eher der unteren Machtebene und der oberen Sensibilitätsebene zuzuordnen sind. Typisch blau sind in der Regel die Reh- und Lamm-Typen.

Attribute für blaue Menschen sind: Ruhe, Sensibilität, Toleranz, Introvertiertheit, Gemütlichkeit, Unabhängigkeit und Enthaltsamkeit.

Die rote Energie

Menschen, die Rot als ihre Grundenergie haben, sind eher extrovertierte Menschen, die ziemlich viel Energie transformieren.

Das heißt, der Mensch mit der roten Energie muss seine inneren Energien rauslassen, indem er irgendwelche Projekte angeht oder sich in einer führenden Position verwirklicht.

Der Rote ist die typische Führungsperson, derjenige, der brillieren will, der Großes anstrebt und der sich mit dem Durchschnittlichen nicht zufriedengibt.

Er strebt das Besondere an – das, wofür es zwar Schweiß und Blut braucht, das aber ein belohnendes Ende hat.

Der Rote liebt Verantwortung und Anerkennung. Er steht eher gern im Mittelpunkt und erweckt gern Potenziale um sich herum.

Der Rote ist eher auf der oberen Machtebene wie auch auf eher intoleranten Ebene einzuordnen. Klassisch rote Charakter-Typen sind der Rhinozeros- und der Wolf-Typus.

Attribute für rote Menschen sind: Macht, Dominanz, Kraft, Egozentrik, Intoleranz, Extrovertiertheit, Verantwortung und Lebhaftigkeit.

Die grüne Energie

Menschen, die Grün als Grundenergie haben, sind Menschen, die eine Wandelbarkeit mit sich bringen und vom Geschehen rundherum betroffen sind.

Der grüne Mensch mag Harmonie. Nicht nur zwischen sich

und seinen Mitmenschen, sondern er mag es auch, wenn seine Mitmenschen harmonisch miteinander sind.

Der Grüne verbreitet Harmonie, schlichtet, ist Mediator zwischen zwei Fronten und kann für alle Seiten Verständnis aufbringen.

Der grüne Mensch ist im Grundsatz immer verständnisvoll und harmoniebedürftig. Der grüne Mensch hat Verständnis für den Mächtigen, wie aber auch für den, der geführt wird.

Meist sind grüne Menschen in Hilfe spendenden, prosozialen Berufsgruppen zu Hause, weil sie es als Teil ihrer Persönlichkeit sehen, anderen Menschen etwas Gutes zu tun.

Die klassisch grünen Charakter-Typen sind der Chamäleon-Typus und der Hunde-Typus.

Attribute für grüne Menschen sind: Harmonie, Verbundenheit, Leichtigkeit, Toleranz, Betroffenheit, Hilfsbereitschaft und Flexibilität.

Die gelbe Energie

Menschen, die Gelb als Grundenergie haben, sind Menschen, die sich vom Geschehen rundherum nicht betroffen fühlen, sondern eher auf sich selbst konzentriert sind.

Der gelbe Mensch mag es, seine Ziele selbstständig zu erfüllen. Für den Gelben wird Selbstverantwortung ganz groß geschrieben.

Er mischt sich nicht gerne in andere Dinge ein, weil er findet, dass jeder nach sich selbst schauen muss und nur dann am meisten daraus lernt, wenn er auf sich selbst schauen kann. Der gelbe Mensch ist sehr auf sich und auf seine Liebsten fokussiert. Was er tut, tut er primär aus dem Gedanken heraus, sich und den Menschen, die er liebt, etwas Gutes damit zu tun. Deshalb kann er Gegebenheiten auch gut so drehen, dass es einen positiven Ausgang für ihn hat. Ist er in keinerlei Konflikte involviert, konzentriert er sich auf seine Ziele, die er sehr selbstbewusst verfolgt.

Klassisch gelbe Charakter-Typen sind der Schlangen- und der Bienen-Typus.

Attribute für gelbe Menschen sind: Selbstverantwortung, Fleiß, Raffinesse, Unbetroffenheit, Zielstrebigkeit, Selbstbewusstsein und Familie.

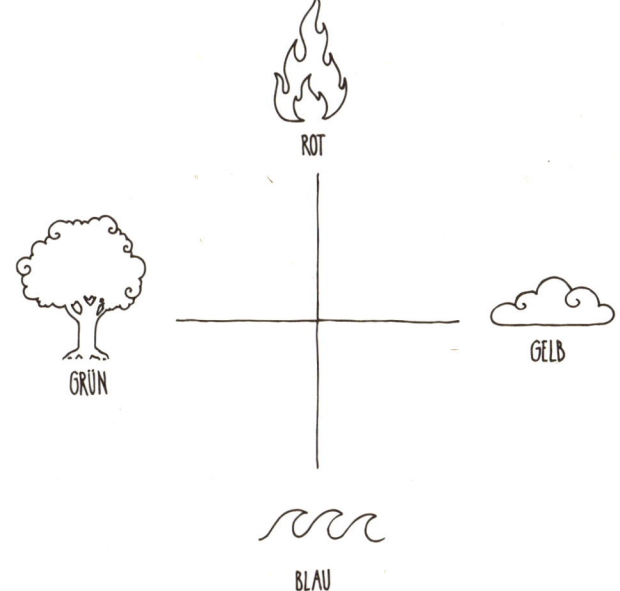

Mischformen

Egal, ob es sich um die Charakter-Typen oder um die Energie-Typen handelt: Jeder Mensch besteht aus Mischformen. Es gibt kaum einen, der beispielsweise nur rot und ein Rhinozeros ohne Ausnahme ist.

Welchen Charakter man hat, hängt davon ab, wie man sich selbst sieht, was aber nicht bedeutet, dass es nicht auch Abweichungen geben mag. Denn beispielsweise in Extremsituationen können andere Charaktereigenschaften plötzlich aufblitzen. Und doch lässt sich im Grundsatz sagen, dass in den meisten Fällen eine bis zwei Farben und Charakter-Typen die dominanten sind.

Ein Mensch, der sich beispielsweise gern in einer führenden Position sieht, auf sich selbst und auf seine Arbeit fokussiert ist, mit dem Ziel, Karriere zu machen, um für sich und für seine Familie ein schönes Haus am See zu kaufen, ist wohl eine typische Mischform der Charakter-Typen Wolf (Rot) und Schlange (Gelb).

Also wäre dieser Mensch ein klassischer Fall einer orangefarbenen Wolfs-Schlange.

Was aber nicht heißt, dass dieser Mensch nicht auch beispielsweise Hunde-Anteile oder grüne Streifen oder Flecken in seiner Persönlichkeit haben kann, so beispielsweise, wenn er sehr schnell schlichten will, wo Spannung entsteht, und folglich ein großes Harmoniebedürfnis gegeben ist (Grün). Dann wäre es eben eine orangefarbene Wolfs-Schlange, mit hier und da etwas grünen Stellen.

Warnmeldungen des Unterbewusstseins

Unser Unterbewusstsein ist ein Meisterwerk. Es arbeitet rund um die Uhr. Jeden Tag, jede Nacht. Und es ist imstande, die brillantesten Verknüpfungen herzustellen.

Stell dir die Aktivität unseres Unterbewusstseins als Lichter einer Stadt vor, die man bei Nacht am besten sehen kann, wenn man im Flugzeug darüberfliegt. Man erkennt die leuchtenden Ballungsgebiete. Die Orte der Aktivität. Diese Ballungsgebiete sind vergleichbar mit dem Bewusstsein unseres Geistes.

Jedoch flackern rundherum bis weit in die Ferne hinaus viele vereinzelte Lichter. Diese Lichter, die bis weit ins Land leuchten, sind vergleichbar mit dem Unterbewusstsein. Das Unterbewusstsein ist also der größte Teil unseres Geistes, der jeden Tag arbeitet – nur realisieren wir das nicht. Schaust du ein Werbeplakat an, registriert dein Unterbewusstsein ganz andere Aspekte der Botschaft auf diesem Werbeplakat als dein Bewusstsein. Auch während wir miteinander reden, arbeitet dein Unterbewusstsein weitaus mehr, als du denkst. Es generiert in Windeseile innere Bilder und Gefühle, die es miteinander verbindet. Denn Gefühle und Vorstellungen sind die Instanzen, mit denen das Unterbewusstsein arbeitet. Es denkt ausschließlich in Vorstellungen und in Gefühlen. Zudem kreiert es Verknüpfungen zu den Nervenbahnen. Das Unterbewusstsein kann auf faszinierende Weise alles mit allem verknüpfen.

Das Beeindruckende am Unterbewusstsein ist, dass unsere Verletzbarkeit wie auch Resilienz – also die geistige Widerstandsfähigkeit – durch unbewusste Verknüpfungen zustande kommt.

Das heißt, dass übermäßige Verletzlichkeit in gewissen Situationen aus Verknüpfungen des Unterbewusstseins herrührt, aber auch eine stabile Selbstsicherheit in gewissen Situationen aufgrund unbewusster Verknüpfungen möglich ist.

Wir alle kennen gute und schlechte Verknüpfungen unseres Unterbewusstseins. Eine der wohl bekanntesten schönen, unbewussten Verbindungen ist die des Zimts. Sobald du Zimt riechst, denkt dein Unterbewusstsein ganz unwillkürlich an Weihnachten. Dies, weil diese Verbindung immer und immer wieder gemacht wurde. Durch die Routine wird die Verbindung gestärkt.

Und ein klassisches Beispiel für eine negative, unbewusste Verbindung ist die des Geruchs der Zahnarztpraxis oder des Geräusches des Zahnarztbohrers. Allein diese Wahrnehmungen (Geruch oder Geräusch) lassen uns zusammenzucken. Diese negative Verbindung kam durch intensive negative oder hier in diesem Fall wohl schmerzhafte Erlebnisse zustande.

Es gibt also zwei Gründe, weshalb unser Unterbewusstsein nachhaltige Verknüpfungen generiert:

- Repetition.
- Intensität.

Wenn du dich also mit Menschen umgibst und austauschst, was wir alle unwillkürlich tun, so wirst auch du geprägt. Positiv wie leider auch negativ.

Solange das positive oder negative Ausmaß nicht allzu groß ist, sieht unser Unterbewusstsein noch darüber hinweg, Verbindungen zu generieren.

Kommt aber ein gering positives oder gering negatives Erlebnis mit einem Menschen immer wieder auf (Repetition), so beginnt unser Unterbewusstsein Verbindungen herzustellen. Diese Verbindungen sind dann meist diffus.

Ebenso wenn ein stark positives oder stark negatives Erlebnis mit einem Menschen stattfindet (Intensität), so kreiert unser Unterbewusstsein Verbindungen.

Diese meist völlig eigensinnigen Verbindungen können sehr breit gefächert sein. Zum Beispiel kann ein Mensch, der von einem mit Schnurrbart negativ geprägt wird, unbewusst an diesem Menschen den Schnurrbart hervorheben. Was zur Folge haben kann, dass der Schnurrbart zu einem prägnanten Merkmal dieses Menschen wird, der negativ prägend war, woraus sogar ein völlig realitätsfernes Denken entstehen kann, im Stile von: Alle Männer mit Schnurrbart sind böse.

Unser Unterbewusstsein macht viele solcher Verknüpfungen. Es beginnt oftmals schon mit dem unbewussten Denken, wenn uns irgendwie morgens beim Aufstehen die Zahnpasta-Tube auf den Boden fällt und wir diesen Fauxpas gleich mit dem Start in den Tag in Verbindung bringen und uns ironisch einreden: »Der Tag fängt ja schon mal gut an.«

Bis hin zu unbewussten, geistigen Verbindungen, die über lange Zeit hinüber anhalten. So beispielsweise, wenn ein Kind eine ungenügende Schulnote in einem Schulfach wie Mathematik bekommt, fortan dieses Schulfach mit der schlechten Leistung verbindet und glaubt, dass in Bezug auf dieses Schulfach keine Fähigkeiten vorhanden sind. Das Kind beginnt, an sich oder an seinem IQ zu zweifeln. Wenn das Kind wieder mit diesem Fach in Berührung kommt, so gibt das Unterbewusstsein die Warnmeldung durch: »Achtung, in diesem Schulfach bist du nicht ausreichend gut.«

Eine der am weitesten verbreiteten, unbewussten Verknüpfungen und Warnmeldungen unseres Geistes ist die mit dem Gefühl des Nicht-Genügens. Wir alle werden als verhältnismäßig hilflose Geschöpfe geboren. Vergleichen wir uns mit anderen Lebewesen, wie beispielsweise einem Kalb, so stellen wir fest, dass das Kalb nach wenigen Minuten auf allen vieren steht. Würde sich eine Bedrohung nähern, könnte das Kalb, wenn auch noch nicht so stabil, davonlaufen.

Wir Menschen könnten das nicht. Wir sind auf die Hilfe von Mutter und Vater angewiesen. Auf Hilfe von außen. Man trägt uns als Baby umher. Man füttert uns. Man sorgt sich um uns. Eine der ersten unbewussten Verbindungen entsteht: »Wenn ich hilflos bin, bin ich auf Hilfe von außen angewiesen.«

Nach und nach lernen wir, in die Selbstständigkeit zu finden. Und trotzdem bleibt im Unterbewusstsein vieler dieses Denken: »Ich bin auf Hilfe von außen – auf Verbundenheit – angewiesen.« Dies hat zur Folge, dass wir glauben, in der Verbundenheit mit anderen Menschen Gefühle der Liebe und der Sicherheit zu erfahren. So wie damals, als man sich um uns schon als Baby und als Kind gesorgt hat.

Dieses Gefühl von Ich-muss-verbunden-bleiben kann mit der Zeit so ausgeprägt werden, dass wir Menschen, selbst wenn wir inzwischen autonom sind, glauben, um alles in der Welt diese Verbundenheit zu anderen Menschen aufrechterhalten zu müssen.

Wir tun die Dinge, die man von uns erwartet. Wir tun das, was die anderen tun. Denn das Fatalste für unser Unterbewusstsein wäre, dasselbe Gefühl der Hilflosigkeit wieder verspüren zu müssen, wie wir es als Baby oder Kleinkind hatten, als wir auf Hilfe angewiesen waren und diese nicht immer gleich zur Stelle sein konnte.

Bei Menschen, die sich nicht mehr mit anderen verbunden fühlen, meldet sich plötzlich ein Teil des Unterbewusstseins, der vor genau dieser Hilflosigkeit Angst hat und diese schon von klein auf kennt. Dieser Teil des Unterbewusstseins gibt dann sofort einen Notfall-Plan durch. Und der lautet: »Tu alles, damit du nicht allein sein musst. Tu alles, damit du verbunden bleibst.« Und genau aus diesem unbewussten Denken heraus entstehen dann die Verhaltensweisen, die uns eigentlich nicht guttun: Wir beginnen das zu tun, was die anderen auch tun, damit wir definitiv nicht aus der Herde ausgeschlossen werden. Übrigens sagen Wissenschaftler sogar, dass bereits in unseren Genen liegt, dass wir nicht aus der Herde ausgeschlossen werden wollen, weil die Evolution uns das gelehrt hat: Wer aus der Herde ausgeschlossen wird, ist leichte Beute für die Raubtiere. Infolgedessen ist Ausgeschlossen-Werden eine Art Todesurteil.

Also tun die Menschen, weil es in den Genen geschrieben steht und weil unser Unterbewusstsein uns ständig ermahnt, das, was gefahrenfreier ist. Die Menschen tun das, was ihnen die Verbindung zu anderen Menschen sichert. Es beginnt schon auf dem Pausenhof: Jugendliche rauchen Zigaretten, bloß damit sie dazugehören und nicht das Gefühl des Ausgeschlossenseins verspüren müssen. Oder sie leben eine Beziehung, in der sie nicht glücklich sind, aber das Gefühl, verlassen zu werden, schlimmer wäre als das Unglücklichsein in der Beziehung mit diesem Menschen.

Aus dieser unbewussten Warnmeldung heraus, möglichst immer von anderen Menschen geliebt zu werden, entsteht ein großes Verlangen danach, anderen zu genügen. Das Gefühl zu genügen scheint für die Menschen deshalb ein besonders bedeutsames zu sein. Und wir vermeiden Situationen, die uns das Gefühl geben könnten, nicht zu genügen.

Diesen Fakt, dass wir oft Dinge tun, die wir eigentlich gar nicht tun wollen, sie aber tun, damit wir nicht wieder dieses unangenehme Gefühl des Nicht-Genügens empfinden, sollten wir unbedingt beachten, wenn wir uns die Frage stellen: »Tut mir dieser Mensch gut?« Denn in vielen solcher Fälle wüssten wir ganz genau, dass die Menschen, über die wir uns diese Frage stellen, uns nicht im Geringsten guttun. Trotzdem aber bleiben wir in der Verbindung mit diesen Menschen. Weil unser Unterbewusstsein Angst vor dem Gefühl hat, diesem Menschen nicht mehr zu genügen, und deshalb eine Warnmeldung durchgibt, die uns beeinflusst.

Eigentlich ist das ja verrückt, dass wir selbst den Menschen genügen wollen, die wir ohnehin gar nicht mögen, nur wegen der Warnung unseres Unterbewusstseins: »Achtung, dieser

Mensch könnte die Verbindung zu dir trennen!« Es ist also vielen Menschen lieber, wenn selbst ein Mensch, den wir nicht mögen, nur Gutes von uns denkt und sich nur positiv über uns äußert, als dass wir unserer eigenen Energie treu bleiben, nämlich der, dass wir jenen Menschen gar nicht in unserer Nähe zulassen.

Wenn wir uns also die Frage stellen, ob uns ein Mensch guttut, so sollten wir uns an erster Stelle einfach mal die ehrliche Frage stellen: »Wissen wir die Antwort nicht selbst schon?« Wenn ja, so müssen wir uns fragen, ob nicht die Arbeit an uns selbst ein Weg wäre, sich von dem Menschen zu lösen, der uns nicht guttut. Wenn wir mit unserem Unterbewusstsein arbeiten, es besänftigen und ihm verdeutlichen, dass es nicht ständig solche Warnmeldungen durchgeben muss, haben wir die Sicherheit in uns selbst gefunden. Weil wir uns selbst genügen und deshalb niemand anderem genügen müssen. Weil wir uns selbstsicher fühlen und keine Sicherheit aus einer fremden Verbindung generieren müssen, sondern die Verbindung und die Liebe zu uns selbst die allerwichtigste ist, wie auch die Verbindung zum Universum. Zur Natur. Wenn wir in der Sonne stehen und die Wärme des Göttlichen auf unserer Haut spüren können. Die Winke des Schicksals. Des Universums, das zu uns schaut. Immer dann soll uns bewusst werden, dass wir nicht auf Verbindungen zu Menschen angewiesen sind, die wir ohnehin nicht mögen.

Wenn wir uns also die Frage stellen, ob ein Mensch uns guttut oder nicht, dann sollten wir uns selbst in folgenden Prozess führen:

»Tut mir dieser Mensch gut?«

Frage dich, ob dieser Mensch eine Warnmeldung deines Unterbewusstseins auslöst, weil ...
- dieser Mensch dieselbe Eigenschaft hat wie ein anderer Mensch aus deiner Vergangenheit, der dich negativ geprägt hat?
- die alte Warnung »Ich muss genügen – ich muss verbunden bleiben!« aufkommt?

Wenn eine dieser Fragen mit Ja beantwortet werden kann, dann tue folgende drei Schritte, um dein Unterbewusstsein zu besänftigen:
Wenn du abends im Bett liegst, schließe deine Augen und
- stelle dir vor, wie du die vielen Verbindungen zu all den Menschen sichtbar machen kannst, die du liebst. Familie, wahre Freunde, Kinder ...
  Diese Verbindungen sehen vielleicht aus wie Lichtstrahlen oder Bänder oder Seile oder Energien.
- stelle dir auch vor, wie deine Verbindung zur Natur und zum Universum aussieht.
- dann stelle dir vor, wie du dein kleines Ich, dein Kind-Ich, in den Arm nehmen und damit die wichtige Verbindung zu dir selbst verdeutlichen kannst.

Dein Unterbewusstsein ist also nicht nur verletzlich, sondern kann auch ausgesprochen resilient, das heißt widerstandsfähig sein. Indem du stetig an deiner Selbstsicherheit und an deiner geistigen Stärke arbeitest, wird dich so schnell nichts und niemand mehr aus den Socken hauen können.

Wer tut dir gut?

Eine der wohl wichtigsten Fragen stellt sich nun uns allen: Wer tut uns gut?

Um herausfinden zu können, wer dir guttut, musst du erst einmal wissen, wo du selbst stehst. Wenn du weißt, welcher Charakter-Typ du bist, kannst du dein Gegenüber analysieren und sehr rasch herausfinden, in welcher Hinsicht dir dieser Mensch guttut.

Denn wenn es um die Frage geht, ob ein Mensch dir guttut oder nicht, so gibt es grundlegend immer zwei Prinzipien: das Prinzip der Ähnlichkeit und das des Gegensatzes.

Grundsätzlich gilt das Prinzip der Ähnlichkeit, das heißt, unser Unterbewusstsein mag Menschen, die uns ähnlich sind. Das ist energiesparender und effizienter. Egal, mit wem wir sprechen: Es fühlt sich immer gut an, wenn man Gemeinsamkeiten hat, wenn man gemeinsame Interessen hat, wenn man denselben Humor hat und man sich einfach versteht. Dieselbe Denkweise zu haben, sprich, einen ähnlichen Charakter-Typus aufzuweisen wie das Gegenüber, fühlt sich immer gut an. Dies merken wir besonders in Freundschaften und bei beruflichen Ambitionen. Es ist klar, dass wir Freundschaft mit jenen Menschen schließen, die so ticken, wie wir es tun. Und es ist auch logisch, dass wir beruflich die Menschen bei unseren Projekten mit ins Boot nehmen, die ähnlich ticken wie wir. Das war schon zu Urzeiten so: Frauen gingen gern mit jenen Frauen Beeren und Pilze sammeln, die bekannte, vertraute Sorten Beeren und Pilze in den gemeinsamen Korb warfen, nicht aber mit jenen, die neue Sorten Beeren oder Pilze, die noch nicht erprobt oder als sicher eingestuft wurden, in den Korb warfen. Diese womöglich giftigen Beeren oder Pilze konnten alle gefährden. Und die Männer gingen nicht mit den Kollegen auf Mammutjagd, die eine ganz andere Jagdtaktik hatten und einen somit beispielsweise unnötig in Gefahr gebracht hätten.

Wir alle mögen also Menschen, die so denken wie wir. Und trotzdem gibt es Ausnahmen, die meist mit der Arbeit an unserer Persönlichkeit zu tun haben. Es gibt nämlich Situationen, in denen wir ganz unbewusst unsere Art Gegenspieler anziehen. Das ist dann der Fall, wenn wir beispielsweise eher extrovertiert, also gemäß den Energie-Typen rot sind und unser Beziehungspartner das pure Gegenteil, nämlich absolut introvertiert, folglich blau ist. Wenn unser Gegenüber jeweils das Gegenteil von uns ist und sich für uns gut anfühlt, dann will uns das sagen, dass wir diesen Menschen brauchen können, um unsere Persönlichkeit zu entfalten. Wir können also über kurze oder für manche auch über längere Lebensabschnitte Menschen, die komplett anders sind als wir, brauchen, um uns geistig weiterzuentwickeln. Denn diese Menschen, die ganz anders als wir sind, können einen Aspekt in sich tragen, der uns dabei behilflich sein kann, unseren Geist weiterzuentwickeln.

Ein Beispiel: Eine Frau hat eine von einem sehr impulsiven, extrovertierten und vielleicht sogar Macht missbrauchenden

Vater geprägte Kindheit erlebt. Durch das Verhalten des Vaters nahm sie automatisch eine introvertiertere Rolle ein, egal, ob es ihrer wahren Persönlichkeit entsprach oder nicht. Hätte sie diese Rolle nicht eingenommen, hätte das psychologische Familiensystem nicht funktioniert. Weil ihr Unterbewusstsein jedoch diese Vergangenheit mit ihrem Vater noch nicht richtig verarbeitet hat, zieht sie als Erwachsene automatisch Männer an, die so sind, wie ihr Vater es war: extrovertiert, impulsiv, Macht missbrauchend. Sie zieht diese Art Mann erneut an, damit sie in Anwesenheit von ihm, der nun stellvertretend für ihren Vater ist, aus ihrer introvertierten Rolle ausbrechen und ihrem Mann zeigen kann, dass sie auch mächtig ist – also auch ein Rot in sich trägt, das gesehen werden will. Meist geschieht in solchen Momenten eine Art Urknall im Geiste dieser Menschen, also hier im Geiste dieser Frau. Endlich kann sie aus dem Muster ihrer Kindheit, als sie unter ihrem Vater litt, aus ihrer alten kindlichen Rolle, ausbrechen. Auch wenn inzwischen viele Jahre oder gar Jahrzehnte vergangen sind, so ist sie nun endlich ihrem Vater, in Wirklichkeit ihrem Mann gegenüber, in die Rolle gelangt, die sie sich schon als Kind wünschte. Meist ziehen Menschen, die eine solche Art Urknall erleben, von diesem Moment an ganz andere Männer als die impulsiven und Macht missbrauchenden an, weil sie ja nun diese Geschichte mit der Art von Männern abschließen konnten.

Dieses Beispiel verdeutlicht uns also, dass wir manchmal andere Menschen brauchen, denen wir zeigen können, was in uns steckt. Wir brauchen die Bestätigung des Gegenübers, seine Reaktion, um uns selbst zu verdeutlichen, dass wir noch andere

Persönlichkeitsanteile in uns tragen, die wir auch gern zeigen wollen.

Zeigen, was man in sich hat, kann man halt nur, wenn man vom Gegenüber reflektiert wird.

Oder ein anderes Beispiel: Ein Junge möchte die Wärme seiner Mutter spüren, die sie ihm gar selten bis nie spendet. Die Mutter ist introvertiert, ruhig, entzieht sich allem, ist also gemäß den Energie-Typen blau-gelb. Der blaue Anteil ist der sensible Anteil, und der gelbe Anteil ist der enthaltsame Anteil. Der Junge hingegen geht automatisch in eine sehr zugängliche Rolle. In eine extrovertiertere Rolle, in eine Rolle, in der er Liebe und Harmonie herbeiführen will, folglich grün-rot. Er muss in diese auf andere zugehende Rolle schlüpfen, damit es wenigstens zu einer Begegnung mit seiner Mutter kommen könnte, denn diese würde von sich aus ja keinen Schritt auf ihn zu machen. Der Junge hat also erlernt, dass, wenn man Wärme möchte, man sich diese holen muss. Dass man auf sein Gegenüber zugehen muss. Dass man, wenn man Liebe erfahren will, grün-rot sein muss. Dabei würde dieser Junge auch gern mal blau-gelb sein, etwas schmollen und erleben können, wie Mama von selbst auf ihn zugeht und ihn in den Arm nimmt.

Also zieht dieser Junge, wenn er erwachsen ist, Frauen an, die so sind wie seine Mutter. Weil die Begegnung mit dieser Art Mensch, in dieser engen Beziehung, es ihm möglich macht, nochmals in die Rolle von damals zu schlüpfen, um seiner Mutter, nun stellvertretend durch seine Freundin, zeigen zu können, dass er auch blau-gelbe Anteile in sich trägt. Er zieht eine blau-gelbe Frau in sein Leben, bei der er aus seiner zu einseitigen Farbe in Sachen Liebe, nämlich aus seiner grün-roten Farbe, ausbrechen kann. Also lernt er bei seiner Freundin zu schmollen, bis sie auf ihn zugeht, und ihr so zu zeigen, dass er in seinem Inneren auch blau-gelb ist. Und wenn die Freundin das Blau-Gelb in ihm anerkennt, dann zeigt er es immer mehr, bis er das Blau-Gelb als wichtigen Teil seiner Persönlichkeit erse- hen und anerkennen kann. Zugleich entwickelt er Verständnis für seine Mutter, die genau in dieser Situation war, als sie keine Liebe zeigen konnte. So kann der erwachsene Junge diese Ge- schichte mit seiner Mutter abschließen.

Es gibt also Situationen, die kürzer, aber auch länger dauern können, in denen wir Menschen anziehen, die nicht so sind, wie wir es sind, damit wir mit sehr ähnlichen Menschen oder Situationen aus unserer Vergangenheit endlich abschließen können.

Bei vielen Menschen kann das aber bis hin zu Jahrzehnten dauern, dass sie beispielsweise in einer Liebesbeziehung zu ei- nem Menschen stehen, der eigentlich die eigene Mutter oder den eigenen Vater oder sonst eine prägende Person aus ihrer Vergangenheit repräsentiert. Das sind die Beziehungen, die sehr spannungsgeladen sind – über viele Jahre hinweg.

Meine persönliche Empfehlung an dieser Stelle ist die, dass auch eine gezielte Therapie in Hinblick auf sich und die eigene Vergangenheit dazu beiträgt, solche Menschen nicht mehr an- zuziehen.

Man kann also viele Jahre in einer Beziehung mit einem Menschen leben, der für unser Unterbewusstsein die eigene Mutter oder den eigenen Vater oder eben die Person aus der

Vergangenheit repräsentiert, mit der oder mit dem unser Unterbewusstsein abschließen will, indem durch Gespräche mit der Beziehungspartnerin oder mit dem Beziehungspartner automatisch auch rückwirkend mehr Verständnis für die Mutter oder den Vater oder eben diese bestimmte Person herbeigeführt werden kann. Durch Hypnosetherapie mit sich und seiner Vergangenheit kommuniziert man mit dem Unterbewusstsein und kann auf diese Weise Verständnis für die damalige Person, wie beispielsweise die Mutter oder den Vater, aufbringen, eine Art Vergebungsarbeit leisten oder mittels Arbeit mit dem Unterbewusstsein auch Versöhnung zwischen sich und der damals prägenden Person herbeiführen.

Damit du für dich selbst herausfinden kannst, wer dir guttut und wer nicht, kannst du dich an der 50-Prozent-Regel orientieren: Wenn du merkst, dass die Person, die dich anzieht, nach deiner Einschätzung weniger als 50 Prozent Gemeinsamkeiten mit deiner MKPI-Auswertung (siehe Test am Ende des Buches) hat, so könnte es sich eben um eine Person handeln, die deinem Unterbewusstsein dabei behilflich sein kann, etwas aus deiner Vergangenheit zu verarbeiten. Meist etwas, was mit einer Person zu tun hat, die auch in deiner Vergangenheit schon so war wie die Person, die du nun angezogen hast. Dies hat zu bedeuten, dass deine Seele noch etwas verarbeiten möchte. Um diese Verarbeitung vonstattengehen zu lassen, kannst du den Weg nun mit dieser aktuellen Person in Angriff nehmen. Oder du kannst eine Therapie mit dir und deiner Seele machen, damit diese schon allein durch die Therapie so sehr, was diese Angelegenheit und solche Art Menschen betrifft, ausgeglichen wird, dass du diese Art Menschen gar nicht mehr anzuziehen brauchst. Das eigene Unterbewusstsein wird auf einmal gar keinen Reiz mehr an solchen Menschen finden.

Wenn die Person, die du anziehst, nach deinem Ermessen rund 50 Prozent oder mehr Gemeinsamkeiten mit deiner MKPI-Auswertung hat, so ist das eine Person, die deiner Seele guttun würde, wenn sich deine Seele nicht mehr von der Vergangenheit oder einer vergangenen Person übermäßig verletzt oder in der falschen Rolle fühlt. Wenn deine Seele sich zufrieden und erfüllt fühlt in der Rolle, in der du bist, so werden dir die Menschen guttun, die deiner MKPI-Auswertung ähnlich kommen. Kurz: Menschen, die deinem Charakter ähnlich sind, machen dich glücklicher, solange du keine Defizite mithilfe von repräsentativen Menschen zu verarbeiten hast.

Wenn du für dich also herausfinden willst, ob dir ein Mensch guttut, so solltest du dir konkret folgende Fragen stellen:

1. Wo auf dem MKPI (Modell der kolorierten Persönlichkeitsinstanzen) stehe ich selbst?

2. Wo auf dem MKPI steht mein Gegenüber?

3. Gibt es mindestens 50 Prozent Übereinstimmung mit meiner MKPI-Auswertung (Instanz oder Farbe)?

Ja: Dann würde dieser Mensch deiner zufriedenen Seele guttun.

Nein: Dann kann dieser Mensch deiner Seele helfen, Zufriedenheit zu finden.

Negative Menschen

Schatten entsteht, wo Licht erstrahlt. Dunkelheit herrscht über-all, wo kein Licht hinmag.

Die Weisheit, es gäbe nur positive Energie und das Negative sei lediglich die Abwesenheit von Positivem, ist weit verbreitet. Auch ich bin der Meinung, dass die positive Energie – mögen wir sie als Liebe oder als Licht bezeichnen – die einzige Kraft in unserem Universum ist. Und dass Angst, Hass, Schatten und Dunkelheit die Abwesenheit von Licht darstellen.

Wo das Positive nicht hinkommt, ist kein Leben. Wer nicht mit Positivem genährt wird – wer keine Liebe und kein Licht bekommt –, der verhungert. Wer kurz vor dem Verhungern ist, der greift nach jedem möglichen Strohhalm und zieht damit andere in diese verhungernde, von Liebe vermiedene Energie hinein in die Dunkelheit. So entstehen schwarze Löcher. Eine Ansammlung von Materie, die so groß ist, dass sie sogar Licht verschlingt.

Genauso verhält es sich überall im Universum, folglich auch bei den Menschen: Es gibt Menschen, die von Liebe erfüllt sind. Menschen, die von Licht erfüllt sind. Menschen, die Lie-be, Licht und einfach nur Positives verbreiten.

Und dann gibt es die schwarzen Löcher auf zwei Beinen. Diejenigen Menschen, die unter Mangelerscheinungen leiden und aus dem Verhungern heraus andere in ihre negative Energie hineinziehen. Die Menschen, die Negativität ausstrahlen und andere ins Negative mitreißen. Menschen, die Negatives verbreiten wie Bakterien und Viren, die sich exponentiell verbreiten und die versuchen, über andere Organismen Einfluss zu nehmen. Wir alle kennen solche Menschen. Jeder von uns hatte schon mal mit ihnen zu tun.

Wir erkennen sie an folgenden Merkmalen:
– Sie saugen uns aus. Sie nehmen, nehmen und nehmen. Und geben – wenn überhaupt – wenig Positives zurück.
– Sie sind permanent auf das Negative fokussiert. Sie glauben, überall abgezockt und hintergangen zu werden, und vergessen dadurch, das Positive zu schätzen.
– Sie reden primär über das negative Weltgeschehen, selten oder nie über positive Veränderungen unserer Zeit.
– Sie teilen ihren Mangel mit, benutzen dafür aber andere Bereiche wie das Geschäft, das nicht läuft, Kunden, die nicht zahlen, das Auto, das ständig kaputtgeht.
– Sie manipulieren, indem sie direkt oder »durch die Blume« um Hilfe bitten, diese aber abschlagen oder als unzureichend abtun, sobald sie angeboten wird.

Vielleicht hat sich jeder von uns in dem einen oder anderen Punkt wiedererkannt. Das ist auch für einen positiven Menschen normal, denn als solcher schaue ich mir das Negative bei anderen an und verdeutliche mir meine eigene positive Haltung zum Leben. Positive Menschen sprechen über negative Menschen, weil sie damit – auch sich selbst – verdeutlichen können, dass sie so nicht sind, sondern das pure Gegenteil davon. Es ist wie in Geschichtsbüchern und im Unterricht: Primär werden die dunklen Seiten der Vergangenheit besprochen und analysiert, denn nur so kann man erstens für die Zukunft lernen und zweitens spüren, dass die Gesellschaft sich weiterentwickelt hat. Ich kann mich heute an keine positiven Inhalte über das Weltgeschehen aus meinem Geschichtsunterricht erinnern.

Außerdem sprechen positive Menschen gern über negative Menschen, um herausfiltern zu können, zu welcher Haltung ihr Gegenüber neigt. Positive Menschen wollen Verbündete! Positives will sich finden, damit dessen Stärke und Kraft noch deutlicher werden.

Zudem beschäftigen sich positive Menschen auch mit Negativem als eine Art Frühpräventionssystem. Dass bei einem Unfall auf der Autobahn viele Autofahrer – außer den üblichen Gaffern aus Neugier – automatisch zur Unfallstelle blicken, geschieht aus dem Unterbewusstsein heraus, das uns zeigt: Achtung! Niemals dort im Straßengraben landen! Aufpassen!, damit wir sehen, was passieren kann, wenn wir nicht achtsam genug sind und uns vom Negativen verleiten lassen. Ein bisschen Verständnis habe ich sogar für die Gaffer entwickelt: Viele schauen doch nur, um sich selbst Angst zu machen, damit sie in Zukunft noch vorsichtiger sind.

Das Negative anzuschauen, es zu touchieren oder auch kurz zu probieren kann positiven Menschen helfen, sich zu verdeutlichen, wie positiv sie im Grunde ihres Wesens sind. So wie Saunagänger auch mal im Winter nackig durch den Schnee laufen, um sich zu verdeutlichen, wie schön warm es drin in der Sauna ist.

Wirklich negative Menschen erkennt man, weil sie oftmals ausbeuterisch und auch »gefühlt unangenehm« sind. Sie versuchen, Einfluss auf positiv gestimmte, zuversichtliche, zufriedene und glückliche Menschen zu nehmen und diese mit ihrer Negativität anzustecken, gern nach dem Motto: »Machst du dir da nicht etwas vor?« (was doch eigentlich nur von ihrer eigenen Tendenz spricht, anderen etwas vorzumachen, als einfach mal sie selbst zu sein). Sobald das geschieht, finde ich, dürfen wir uns, unseren Organismus und unsere Positivität schützen. Genauso verhält es sich auch in der Natur: Versucht uns ein Bakterium oder ein Virus zu schaden, setzt die Immunabwehr ein, die unseren Organismus in der Abwehr des Schädlings unterstützt. Selbst sogenannte Killerzellern können von unseren Abwehrkräften zerstört werden, sie eliminieren und aus unserem Körper schaffen. Genau auch das dürfen wir uns erlauben: den negativen Menschen zu verdeutlichen, dass sie aus unserem positiven Raum verschwinden sollen, dass sie unsere positive Energie verlassen sollen.

Doch wie gehen wir mit negativen Menschen um? Und vor allem: Wie erkennen wir sie?

Erkennen:
Sie zu erkennen ist sehr einfach: Negative Menschen lösen in einem ein negatives Gefühl aus. Wir verbringen nicht gern Zeit mit ihnen. Würde die Person unverhofft vor der Tür stehen und dich mit einem Besuch überraschen, so würdest du nur denken: Oh nein – bitte nicht!

Umgang:

Widersprichst du negativen Menschen, wirst du damit bewirken, dass sie entweder noch extremer werden, um dich endlich zu überzeugen, oder sie lassen dich sofort in Ruhe, weil sie merken, dass sie bei dir nicht andocken können und der Versuch ihre Zeit verschwendet. In jedem Fall suchen sie sich bald ein anderes Opfer.

Was kannst du tun, damit negative Menschen dich ganz sicher in Ruhe lassen oder vielleicht sogar am Positiven Freude finden?

Es gibt zwei Techniken:

Entweder du konfrontierst sie mit der Tatsache, dass sie gerade äußerst negativ sind. Weil keiner als negativ wahrgenommen werden will, werden sie innerlich den Antrieb entwickeln, Positives noch mehr hervorheben zu wollen. Ähnlich wie in einer Liebesbeziehung: Wenn uns auffällt, dass eine bestimmte Manier unserer Partnerin oder unserem Partner nicht gefällt, so wollen wir der oder dem zukünftig ganz sanft verdeutlichen, dass wir alles andere als das sind, das sie an uns tadeln.

Konfrontierst du dein Gegenüber mit der Tatsache, dass sie oder er negativ sei, so wird sie oder er nicht mehr als negativ wahrgenommen werden wollen und alles tun, um zu zeigen, dass in ihrem/seinem Wesen auch viel Positives liegt.

Wenn diese Vorgehensweise nicht funktioniert, so könnte die paradoxe Intervention funktionieren. Ähnlich der umgekehrten Psychologie bei Kindern. Bei negativen Menschen paradox zu intervenieren bedeutet, dass wir die Negativität unseres Gegenübers absichtlich noch steigern – natürlich nur aus der Ferne und mit einem gesunden Maß an schauspielerischem Talent. Denn wir bleiben natürlich mit unserem Wesen im Positiven und tun nur so, als würden wir das Negative völlig verstehen, und steigern es sogar noch. Wir steigern es so sehr, bis es selbst dem negativen Menschen unwohl wird und dieser dann eigenständig die Kurve kratzt und mit der Einstellung die Richtung ändert und so wieder in Richtung Positives blickt.

Ein Beispiel:

Der negative Mensch sagt: »Mein Geschäft läuft sehr, sehr schlecht. Die Wirtschaftskrise hat ihre Spuren hinterlassen. Sie ist noch nicht vorbei. Es ist echt harte Arbeit!«

Wir reagieren darauf paradox, indem wir sagen: »Ja, ich an deiner Stelle würde das Geschäft so schnell wie möglich auflösen und einen sicheren Job in einem Büro, am besten beim Staat, annehmen. Je eher du jetzt der Wirtschaftskrise einen Schritt voraus bist, desto mehr wird es sich für dich auszahlen!«

Der negative Mensch wird jedoch keineswegs Veränderung in seinem Leben wollen. Denn Veränderung birgt immer Unerwartetes und ist auch energieraubend, weil sie uns Energie für Anpassung an das Neue kostet. Also wird sich dieser Mensch gegen deine Negativität auflehnen, und das kann er nur, indem er positiver denkt und spricht und den Fokus auf Positives lenkt.

Du schlägst den negativen Menschen mit seiner eigenen Waffe.

Grundsätzlich ist der beste Schutz gegen negative Menschen stets sehr einfach, universell und überall auf der Welt und zu jedem Zeitpunkt anwendbar: Lachen.

Mit deinem Lachen schaffst du einen positiven Raum um dich herum. Eine positive Aura, die allen Außenstehenden auffällt. Eine Ausstrahlung, die Negatives von dir fernhält, genauso, wie Vampire mit Knoblauch verscheucht werden, werden negative Menschen mit Positivität ferngehalten.

Dein Lachen ist dein Schutz.
Dein Lachen ist dein Halt.
Dein Lachen ist dein Zugang zur Liebe.

Urvertrauen

Als Hypnosetherapie-Experte und -Ausbilder höre ich immer wieder von meinen Klienten Glaubenssätze, und das gleich zu Beginn der Therapiesitzung. Viele meiner Klienten kommen also schon in einer Art Trance in die Praxis – nämlich in der sogenannten Problemtrance. Damit bezeichnen wir den Zustand der Klienten, in dem sie über ihr Problem nachdenken oder auf dieses angesprochen werden und es in diesem Moment nicht mehr kritisch hinterfragen können. Sobald sie also über ihr Problem nachdenken, sind sie wie in einem Tunnel und sehen kaum mehr heraus. Sie kreieren Glaubenssätze, die jedem, der von dem Problem so nicht betroffen ist, diffus erscheinen. Diese Trance verhindert, ihre Vernunft einzuschalten und sich selbst zu sagen: »Ach, so 'n Quatsch, den ich mir gerade wieder einrede.« Denn genau das passiert in solchen Momenten: Man redet sich die komischsten und unwahrscheinlichsten Dinge ein, die zum einen alles andere als wahr sind und zum anderen so, wie wir sie befürchten, nie eintreffen werden.

Dann gibt es die Klienten, die, wenn sie in die Therapiesitzung kommen, eine Lösungstrance mitbringen. Die Lösungstrance ist das Gegenstück zur Problemtrance. Das ist dann der Fall, wenn Klienten über ihre Lösung nachdenken und dabei schon fast etwas fanatisch werden. Teils werden Klienten in zu starker Lösungstrance auch etwas leichtsinnig. Vergleichbar mit jemandem, der im Spielkasino etwas gewinnt und den Gewinn gleich wieder einsetzt, weil er nur noch den Jackpot vor Augen hat. Also auch wie in einer Art Trance ist.

Wenn man drinsteckt, ist auf jeden Fall die Lösungstrance angenehmer und im Vergleich auch förderlicher als die Problemtrance. Wichtig ist natürlich immer, dass man auch die Vernunft mit in die Prozesse einbezieht. Denn die Vernunft sitzt im Bewusstsein. Und wenn man ganz bewusst bei einer Sache ist, hat man einen ganz anderen Umgang mit dem, was man geistig fokussiert.

Bei den Klienten, die, wenn sie über ihr Problem nachdenken, in eine Art Strudel von Glaubenssätzen gelangen, gilt es, genau diese falschen Glaubenssätze loszulassen.

Glaubenssätze können teils sehr hartnäckig sein. Besonders weil man mit jeder Sekunde, die man ihnen an Aufmerksamkeit schenkt, ihnen auch Existenzberechtigung gibt. Das einzig Richtige, was man mit Glaubenssätzen tun kann, ist, ihnen gar keine Aufmerksamkeit mehr zu geben und so den Glaubenssätzen sämtliche Kraft zu nehmen. Denn Aufmerksamkeit ist ihre Nahrung. Und wenn sie nicht mehr gefüttert werden, verhungern diese Glaubenssätze.

Doch nun kennen wir das Grundgesetz der Negation: Man kann nicht *nicht* an etwas denken, das einem hartnäckig im Kopf herumschwirrt. Deshalb ist hier die Vorgehensweise die, dass man den Glaubenssätzen einfach den Mund zuklebt, sodass, auch wenn sie Aufmerksamkeit bekommen, diese nicht mehr essen können. Sie verhungern und gehen zugrunde. Und auf einmal ist daran zu denken überhaupt nicht mehr schlimm, sondern so normal wie etwas Bedeutungsloses, an das man denkt. Es löst nichts mehr in uns aus. Keine schlechten Gefühle mehr. Sondern nur noch innere Ruhe und Gleichgültigkeit. Und sobald die da ist, denkt man ganz unwillkürlich mit der Zeit gar nicht mehr an diese realitätsfernen Glaubenssätze.

Einer dieser weitverbreiteten Glaubenssätze ist der des verlorenen oder nicht vorhandenen Urvertrauens.

Urvertrauen ist ein sehr wichtiges Gefühl, das uns auch dabei hilft, wenn wir mal hier, mal da Menschen in unser Leben ließen, die uns nicht wirklich gutgetan haben. Denn das Urvertrauen gibt uns das Gefühl, dass alles gut ausgehen wird und dass diese schlechte Erfahrung mit diesen negativen Menschen uns nicht mehr beeinflussen soll.

Wir alle dürfen uns also auch eine Leichtigkeit darin geben, dass wir uns nicht immer gleich auf Anhieb die richtigen Menschen ausgesucht haben. Kein Mensch auf diesem Planet hat sich vom ersten Moment an nur Menschen ausgesucht, die ihm gutgetan haben. Egal, ob es sich um die Liebe, die Freundschaft oder um das berufliche Umfeld handelt. Wir alle dürfen uns eine Leichtigkeit darin geben, dass auch wir mal hier, mal da Menschen in unser Leben ziehen durften, die uns eben nicht gutgetan haben, uns aber einen großen Lerneffekt ermöglichten - auch wenn wir schnell mal in Versuchung kommen, uns für unsere Entscheidung selbst zu verurteilen, indem wir uns Selbstvorwürfe machen:

»Wieso nur habe ich nicht auf meinen Bauch gehört? Ich wusste doch, dass mir dieser Mensch nicht guttut.«

»Alle die Jahre, die ich mit diesem Menschen in der Beziehung war, waren für nichts gut!«

»Hätte ich doch nur auf die anderen gehört, die mir gesagt haben, dass dieser Mensch mich täuscht. Ich hätte es doch sehen müssen!«

Wir alle kennen solche Selbstvorwürfe. Wir alle. Sie fühlen sich nicht gut an, und doch sind sie völlig menschlich.

Statt uns Selbstvorwürfe dafür zu machen, dass wir Menschen in unser Leben ließen, die uns nicht gutgetan haben, sollten wir an unser Urvertrauen in uns appellieren. Denn dieses zeigt uns in allem eine positive Botschaft auf. Wir müssen sie nur sehen.

Aus jeder Begegnung mit einem Menschen, der uns nicht gutgetan hat, können wir etwas lernen. Etwas sehr Maßgebendes für die Zukunft.

Einige mögen nun sagen, sie hätten gar kein solches Urvertrauen. Ich verstehe, dass sie diese Glaubenssätze irgendwie kreiert haben, und würde ich dann geradeheraus sagen, was ich denke, nämlich dass dieser Glaubenssatz nicht stimmt und das Urvertrauen gar nicht fehlen kann, so würde ich viele meiner Klienten völlig überfordern. In einem derart sensiblen therapeutischen Gespräch muss man als Therapeut sehr sorgfältig vorgehen und die Klienten Schritt für Schritt zur Erkenntnis führen, dass der Glaubenssatz, den sie oft schon Jahre hinweg mit sich tragen, nicht wahr ist. Würde man diesen Klienten nämlich sagen: »Hören Sie: Das, was Sie sich da einreden, ist nicht im Geringsten wahr. Auch Sie haben den Zugang zum Urvertrauen«, so würde man ihre Welt völlig kopfstehen lassen.

Wir alle haben den Zugang zum Urvertrauen. Das Urvertrauen, das jedes Kind bei der Geburt begleitet. Natürlich ist es umso schöner, wenn Mutter und Vater dieses Urvertrauen stärken und auch noch von ihrer Seite mitgeben. Doch auch ein Kind, das mit emotional kalten Eltern oder in sehr schwierigen Umständen zur Welt kommt oder aufwächst, hat die Möglichkeit, den Zugang zum Urvertrauen zu nutzen.

Das Urvertrauen ist die Verbindung zum Göttlichen. Die Verbindung zum Universum. Die Verbindung zu einem höheren Bewusstsein. Und meist können sogar die Menschen, die es in der Kindheit nicht so einfach hatten, einen besonders starken Zugang zum Urvertrauen herstellen.

Das Urvertrauen ist die göttliche Wiege, in der wir – von Demut erfüllt – geschaukelt werden. Wenn wir in der Sonne stehen, den Blumen beim Erblühen zuschauen oder mit den Tieren um uns herum sprechen können – immer dann wissen wir, dass wir das Urvertrauen in und um uns herum haben.

Auf Urvertrauen sollten wir uns immer dann beziehen, wenn wir jemanden in unser Leben ließen, den wir rückblickend betrachtet nicht mehr in unser Leben lassen würden, wir es aber nicht mehr rückgängig machen können. Aber dass wir diesen Menschen in unser Leben ließen, war ein Lernprozess, den wir unbedingt machen mussten, damit wir noch mehr Möglichkeiten für unsere positive Zukunft wahrnehmen können. Damit wir unsere Erfahrung mit anderen teilen können. Was gibt es Wertvolleres, als Erfahrung miteinander zu teilen, einander zu erzählen, was wir Schönes und auch Spannendes auf diesem Planeten erleben durften?

Wenn mir jemand sagt: »Ich habe kein Urvertrauen«, so muss ich dieser Person widersprechen, indem ich ihr sage: »Natürlich hast du Urvertrauen. Denn auch du hast den Zugang zum Ur-vertrauen. Die Frage stellt sich bloß, ob du den Zugang wahr-nimmst oder nicht. Ob du die Chance, die das Universum dir zeigt und gibt, wahrnimmst. Ob du dich am Positiven orientierst oder ob du ständig immer nur auf das Negative fokussiert bist.«

Urvertrauen ist eine Kraft, die du in dich hineinlassen kannst, indem du einfach nur den Eingang nimmst, denn die Tür steht offen. Hindurchgehen musst du selbst. Du darfst von dieser unbeschreiblichen Kraft nicht noch erwarten, dass sie dich anschiebt, denn Vertrauen ist eine Beständigkeit.

Der Begriff Vertrauen kommt vom gotischen Wort »trauan«, verwandt mit dem Wort »treu«, was so viel heißt wie »stark, fest«. Hat man Vertrauen, hat man eine gewisse Festigkeit. Und einem Glaubenssatz so viel Wahrheitsgehalt zuzuschreiben, ist auch eine Art von Vertrauen. Man vertraut dem Glaubenssatz, auch wenn man dem falschen Inhalt vertraut.

Wenn du mir sagst: »Immer wenn Weihnachten ist, gibt es einen Familienstreit«, so zeugt dein Glaubenssatz davon, dass du die Fähigkeit zu vertrauen hast. Zwar vertraust du einem negativen Glaubenssatz, aber das ist etwa so, wie wenn man die Fähigkeit zu schenken hat. Wem du ein Geschenk machst, ist sekundär. Wichtiger ist, dass du die Fähigkeit besitzt zu schen-ken. Ob der Beschenkte gut oder böse ist, spielt keine Rolle. Du hast die Fähigkeit zu schenken. Genauso verhält es sich mit dem Vertrauen. Ob du nun einem Glaubenssatz vertraust oder ob du einem positiven Weg vertraust – beides gibt Zeugnis da-von, dass du vertrauen kannst.

Wenn du also glaubst, kein Urvertrauen zu haben, so täuschst du dich. Du hast dein Urvertrauen, das dir bereitsteht, bloß noch nicht angenommen. Doch es ist da. Denn auch du kennst das Gefühl, gefüttert zu werden. Die Liebe zur Nahrung, die dich leben lässt. Du kennst das Gefühl, dass man dir etwas schenkt. Du kennst das Gefühl, dass man dich fragt, wie es dir geht. Du kennst das Gefühl, dass man sich um dich sorgt, wenn es dir nicht gut geht. Du kennst das Gefühl, ein Mitglied einer Gemeinschaft auf diesem Planeten zu sein. Diese Gefühle - egal, von wem sie kamen - sind allesamt Beweise dafür, dass auch du das Gefühl des Urvertrauens kennst.

Wenn wir also mal Menschen in unser Leben ließen, die uns nicht guttaten, oder uns auch in Zukunft täuschen lassen, so sollten wir uns keine Vorwürfe machen, sondern an das Urvertrauen appellieren, das uns die Gewissheit spendet, dass es schon einen Grund dafür geben wird, weshalb dieser Mensch unser Leben gekreuzt hat. Wir dürfen uns einfach fallen lassen - und trotzdem die Gewissheit haben, dass wir mitbestimmen können, wohin die Reise geht und wem wir in Zukunft unsere wertvolle Zeit schenken wollen. Denn wir sollten immer wieder beachten, dass die Zeit das Einzige ist, was irreversibel ist. Wir können die Zeit nicht wieder nachholen. Wir können sie auch nicht sammeln oder sparen, so wie unser Geld auf unserem Bankkonto. Nein. Zeit sind die Sandkörner in der Sanduhr, die rinnen. In jeder Sekunde Dutzende von Sandkörnern. Doch wir können den Sand nicht daran hindern zu fließen. Er rinnt. Nichts kann ihn aufhalten zu rinnen. Nichts. Bis irgendwann mal das letzte Sandkorn gefallen ist. Und dann, spätestens dann werden wir dem Urvertrauen begegnen. Schön nur, wenn wir es schon vorher kennenlernen durften, denn es ist unser Begleiter – unser treuster Freund.

Deine Fähigkeit,
Gedanken zu lesen

Als Gedankenleser werde ich natürlich immer wieder gefragt, ob ich einfach so aus dem Stegreif heraus die Gedanken meines Gegenübers lesen könne. Eine Frage, die mir wirklich verhältnismäßig sehr viele Menschen stellen. Wohl weil es irgendwo ein tiefes Bedürfnis von uns allen ist, die Gedanken unseres Gegenübers lesen zu wollen.

Weil du dich für dieses Buch interessiert hast, verdeutlichst du mir, dass du dich extrem für diesen Bereich interessierst, für den wohl nicht viele eine Affinität aufweisen. Du hast eine Affinität für diesen Bereich. Und diese Affinität ist der Motor zu all den Erkenntnissen, die du noch erlangen wirst.

Als Hypnosetherapie-Experte und Gesprächstherapeut hatte ich letztendlich im Alter von 27 Jahren über zwölf Monate Wartezeiten für Therapiesitzungen bei mir zu verzeichnen. Und dies mit im Schnitt vier Therapiesitzungen zu jeweils 60 bis 90 Minuten pro Tag. Es entstand dann eine Warteliste, auf die man sich eintragen lassen konnte. Ich konnte es mit mir selbst und meiner Philosophie nicht mehr vereinbaren, dass die Menschen, die sich über ein Jahr für eine Therapiesitzung mit mir gedulden mussten, ihr Problem einfach schlittern ließen und zwölf Monate lang in die Passivität fielen, mit der inneren Haltung: »Der Gabriel heilt mich ja dann in zwölf Monaten.« Dies führte dazu, dass Raucher bis zur Sitzung hin geraucht haben. Alkoholiker bis zum Sitzungstermin getrunken haben. Und genau das wollte ich nicht. Deshalb schrieb ich immer mehr Bücher und hielt mehr Vorträge, verbreitete mehr wohltuende Videos über sämtliche sozialen Medien, damit die Menschen zumindest inzwischen schon an sich arbeiten konnten.

Was mich immer sehr erstaunt hat, war die Tatsache, dass die Leute zu mir zur Therapie kommen wollten. Ich, der doch noch so jung war. So meinte ich doch, dass die Leute mit Sicherheit lieber zu einem älteren Therapeuten gehen wollten, der seinen langen weißen Bart krault, während er eine Weisheit von sich gibt. Doch nein: Die Leute wollten zu mir kommen, um sich von mir therapieren zu lassen. Mich ehrte dies natürlich sehr. Und doch ließ es in mir auch eine Frage aufkommen. Die Frage nach dem Weshalb. Weshalb wollten die Leute zu mir kommen, obschon ich so jung war? Heute weiß ich, was wohl einer der Gründe war: Fähigkeit, die aus Leidenschaft entsteht.

Wer etwas wirklich mit Herzblut macht und wem das in die Wiege gelegt wurde, hat eine Fähigkeit. Meine ist es, den Menschen so gezielt zu coachen und zu therapieren, dass dieser und dessen Unterbewusstsein weiterkommen.

Heute weiß ich, dass während der Sitzungen auch viel Energie fließt. Energie ist überall. Alles ist Energie. Auch Gedanken sind Energie. Es gab Klienten, die haben allein durch die Präsenz meiner Person eine andere Perspektive erkannt.

Ich erinnere mich konkret an eine Klientin, die sehr bodenständig war, einen guten Job hatte, mit beiden Beinen im Leben stand, aber gemäß ihrer Erzählung über Jahre hinweg an einem Gedankenkarussell und einer damit verbundenen Angst litt.

Ich schaute ihr in die Augen. Sie erzählte mir, was ihr Problem sei. Kaum hatte sie dies getan, sagte sie auf einmal: »Herr Palacios – es ist kaum zu glauben, aber die Angst ist weg. Es beschäftigt mich nicht mehr. Kaum habe ich nun den letzten Satz ausgesprochen, habe ich schon verspürt, dass die Angst verschwunden ist.«

Ich fragte sie: »Kam das Karussell zum Stillstand?«

Sie meinte schlagartig: »Ja. Es steht still.«

Ich finalisierte: »Herzlichen Glückwunsch. Sie haben mir und sich selbst soeben verdeutlicht, dass Sie einfach so den Stecker des Karussells ziehen können. Sie sind Meisterin darin.«

Ich erinnere mich auch an eine Klientin von knapp 80 Jahren. Sie erzählte mir, dass niemand ihr bislang helfen konnte. Kein Psychiater. Kein Therapeut. Niemand. Sie leide seit über 25 Jahren an schweren Depressionen. Sie war bei einem meiner Therapeuten in einer ersten Sitzung, der ihr verdeutlichte: »Nur Sie selbst können sich helfen.« Daraufhin rief sie bei uns im Institut an und beklagte sich, dass sie doch wisse, dass Hypnose bei Depressionen helfe, und nun sage er, nur sie selbst könne sich helfen. Aber niemand könne ihr helfen und überhaupt sei ihr Mann daran schuld, dass sie depressiv sei. Der sei ein Egoist.

Ihre Tochter bezweifle, dass Hypnosetherapie ihr helfen werde. Ihr Sohn hingegen glaube daran, dass es helfen könnte. Sie sei aber sowieso mehr wie der Sohn. Die Tochter sei mehr wie der Vater ... Und in diesem Stile beschrieb sie mir ihr Leben. Nach meiner Hypnosesitzung mit ihr kam sie in eine zweite Sitzung und meinte dann, was geholfen habe, sei nicht explizit die Hypnose gewesen, sondern das Gespräch mit mir. Am liebsten würde sie jede Woche einmal kommen, aber sie wisse, dass sie das finanziell nicht tragen könne. Sie wollte nun deshalb in dieser zweiten Sitzung die maximale Wirkung erreichen, sodass sie möglichst nicht mehr kommen müsse. Aber bevor wir beginnen durften, wollte sie, dass ich ihr nun die Frage beantworte, ob ich ihr helfen könne – denn bislang konnte ihr noch niemand helfen. Ich spürte, dass sie mich herausfordern wollte. Also fragte ich sie: »Was glauben Sie? Glauben Sie, dass ich Sie unterstützen kann?«

Die Frau musste nicht lange nachdenken und antwortete ziemlich zügig: »Ich denke nicht. Ich denke, Sie können mir nicht helfen. Denn niemand kann mir helfen. Das Problem bin nicht ich, sondern mein Mann. Der ist ein Egoist. Ich leide unter ihm, aber er ändert sich einfach nicht. Der eine Psychiater riet mir, mich scheiden zu lassen. Eine Frechheit! Wir sind lange verheiratet und haben gemeinsame Kinder.«

Ich stand auf und schaute vom Therapiezimmer zum Fenster raus. Dort stand ein Auto. Im Auto saß ein älterer Mann.

Ich fragte sie: »Ist das Ihr Mann in diesem Wagen?«

»Ja.«

»Will er nicht reinkommen? Es ist doch kalt draußen im Wagen?«

Sie meinte neckisch: »Der kann sich schon beschäftigen. Der hat eine Zeitung bei sich. Der soll warten.«

Ich setzte mich wieder hin, als sie gleich wieder auf dieser immerwährenden Frage herumpochte, ob ich ihr nun bitte sagen könne, ob ich ihr helfen kann. Ja oder nein?

Ich lehnte mich auf meinem Stuhl zurück und sagte: »Ich weiß, dass das, was ich tue, den Menschen hilft. Definitiv. Aber ob ich Ihnen überhaupt helfen will? Da bin ich mir noch unsicher.«

Völlig verdutzt schaute sie mich an. Sie fragte mich, wie ich das meinte.

Ich antwortete: »Wissen Sie, ich bin mir dessen bewusst, dass meine Zeit kostbar ist. Jede Sitzung, die anderen hilft, fordert auch Energie von meiner Seite. Wenn ich jemandem helfen will, dann will ich, dass dieser Mensch den Wert dieser Energie erkennen kann. Das wäre sonst so, als würde man Ihnen den besten Kuchen der Welt servieren, während Sie wegen einer Erkältung keinen Geschmackssinn haben und Ihre Sinne, Ihr Denken getrübt sind. Sie nennen Ihren Mann einen Egoisten und den Schuldigen für Ihre Depression. Dabei ist er der erste Mann, den ich erlebe, der seine Frau hier herchauffiert, demütig draußen im Wagen auf sie wartet und nicht mal reinkommt in die Wärme, um hier einen Kaffee zu trinken. Er stellt sich die gesamte Zeit über zurück. Nur für Sie. Solange Sie nicht einsehen, dass Ihre Wahrnehmung über Ihr Glück entscheidet, will ich Ihnen nicht helfen.«

In immer noch ihrerseits verdutzter Stimmung verließen wir dann gemeinsam meinen Therapieraum.

Über ein halbes Jahr lang hörte ich nichts mehr von der Dame. Bis sie plötzlich als inzwischen 80-jährige Frau mit einem riesigen Blumenbouquet auftauchte, das sie mir schenkte, als Dank für meine Sitzung.

Sie sagte: »Seit diesem letzten Gespräch ist etwas in mir passiert. Ich bin das erste Mal seit über 25 Jahren über ein halbes

Jahr lang frei von Depressionen. Ich weiß gar nicht, wie ich Ihnen danken kann. Diese Blumen sind bloß eine kleine Geste als Zeichen meiner Dankbarkeit.«

Solche Geschichten verdeutlichten mir, dass während meiner Sitzungen etwas geschieht. Auch wenn es nur Worte sind, die ich spende. Worte sind Energie. Und Worte entspringen gewissen Gedanken. Und auch Gedanken sind Energie.

Wir sind also imstande, Gedanken mittels Gedanken beeinflussen zu können. Denn unsere Gedanken haben eine Auswirkung auf die Gedanken anderer:

Ich erinnere mich an eine junge Dame, die zu mir zu einer Therapiesitzung kam. Sie hatte Skoliose. Ihre Wirbelsäule war um 37 Grad verschoben. Die Ärzte meinten, da sie Verschiebungen ab 40 Grad operierten, würde man hier einfach aufrunden und die Operation durchführen.

Die junge Dame jedoch sperrte sich gegen dieses Vorhaben der Ärzte und ging stattdessen regelmäßig zur Physiotherapie. Leider waren ihre Schmerzen dennoch so stark, dass sie trotz der Opiate in eine Schmerzklinik gehen wollte.

Die junge Dame hatte die klare Einstellung, dass meine Sitzung ihr helfen könne.

So fragte ich sie während der Sitzung, als sie ihre Augen geschlossen hielt, wie sie sich denn ihren Schmerz vorstellte.

Sie antwortete: »Als rote Punkte auf meiner Wirbelsäule.«

Gemeinsam tauchten wir in ihre unbewussten Gedanken ein und färbten die roten Punkte neu ein. Mit blauer Farbe machten wir sie violett. Auf einmal kamen ihr die Tränen. Ich fragte sie, was passiert sei.

Sie meinte: »Es fühlt sich so schön an.«.

Mit dieser ganz einfachen Anwendung tauchten wir tief in ihr Unterbewusstsein ein und veränderten ihre unbewusste Wahrnehmung. Das Resultat: Sie konnte nach dieser Sitzung die Medikamente drastisch reduzieren und ihren bevorstehenden Aufenthalt in der Schmerzklinik absagen.

Das erstaunte ihre Mutter so sehr, dass diese mir sagte: »Ich will das auch können. Ich werde deine Hypnosetherapie-Ausbildung absolvieren.«

Während der Sitzung mit dieser starken jungen Frau war mir klar, wo ich ihre Gedanken angehen musste. Ich las ihre bewussten wie auch ihre unbewussten Gedanken. Ihre unbewussten Gedanken verriet sie mir mit gewissen Sprachmustern. Mit Worten. Aber auch mit ihrem ganzen Wesen. Ich verstand sehr schnell, wo ich ihre Problematik angehen musste. Und weiß auch, dass wir alle dies eigentlich könnten. Wir müssen uns nur tief empathisch auf die Ebene der Gedanken unseres Gegenübers einlassen. Sobald wir diese Gedanken fühlen, wissen wir auch, wie wir sie wieder gehen lassen oder verändern können.

Wollen wir anderen Menschen therapeutisch oder einfach aus Liebe helfen – tief im Inneren helfen –, so müssen wir ihre Gedanken verstehen und fühlen. Wir müssen ihre Gedankenprozesse nachvollziehen können. Wir müssen verstehen, welche Wege ihre Gedanken gehen und weshalb sie sie gehen.

Willst du Gedanken lesen, orientiere dich an deinen Fähigkeiten. Denn deine Fähigkeiten schlummern tief in dir, wenn du sie nicht schon selbst an die Oberfläche geholt hast.

Wenn du Gedanken lesen willst, so liest du nicht nur Verhaltensweisen wie Mimik und Gestik, sondern du liest auch Energien. Und vor allem: Du spürst die Energien. Genauso wie die eine Klientin, die ihr Anliegen erzählt hat und durch das Verbalisieren ihrer Gedanken ihre innere Energie verändert hat. Ihre Gedanken waren Energie. Diese Energie hat sie verbalisiert. Die Worte wurden zur Energie. Und diese Energie traf auf meine Energie. Ihre innere Energie hat sich verändert.

Oder die 80-jährige Klientin, deren Energie in ihrem Kopf, in ihren Gedanken, ich mit gezielten Worten und bildhaften Vorstellungen beeinflusst habe, sodass sich ihre gedankliche Energie anders ausgerichtet hat und die Energie primär auf die Lebensfreude und das Positive fokussiert wurde. Wer also Gedanken lesen kann, kann auch mit Energien umgehen. Du spürst die Energie der Gedanken. Du spürst die Gedanken. Und die körperlichen Anzeichen wie Mimik und Gestik. Worte sind dann nur noch Zeugnis von dem, was du ohnehin schon gespürt hast.

Gedankenlesen ist eine Fähigkeit, die die einen beherrschen und die anderen nicht. Aus meiner Erfahrung würde ich sagen, dass rund 20 Prozent unserer Gesellschaft die Fähigkeit besitzt, Gedanken lesen zu können, Energien spüren zu können. Von diesen 20 Prozent ist bei rund der Hälfte, also bei 10 Prozent, diese Fähigkeit nie entfacht worden. Weil es nicht mal in Erwägung gezogen wurde, dass diese Fähigkeit vorhanden sein könnte. Oder weil diese Menschen in einer Familie aufwuchsen, in der das nie ein Thema sein konnte. Von den noch übrig bleibenden 10 Prozent gibt es rund 3 Prozent, die wahrnehmen, dass sie Gedanken lesen können, aber es nicht wahrhaben wollen und deshalb auch nicht dazu stehen. Und nur 7 Prozent aller Menschen, denen ich begegnet bin, wissen, dass sie Gedanken lesen können, und stehen auch dazu.

Wenn du dieses Buch liest, so wirst du mit sehr hoher Wahrscheinlichkeit zu den 20 Prozent der Menschen gehören, die diese Fähigkeit in sich haben. Vielleicht gehörst du ja sogar zu den 7 Prozent, die dies von sich selbst wissen und auch dazu stehen.

Wenn du dir noch nicht sicher bist, ob du die Fähigkeit hast, so beantworte die folgenden Fragen für dich innerlich mit Ja oder Nein, wenn du zwei dieser zehn Fragen mit Ja beantworten kannst, gehörst du zu den 20 Prozent, die die Fähigkeit besitzen. Wenn du mindestens vier dieser zehn Fragen mit Ja beantworten kannst, so gehörst du zu den 7 Prozent, die dazu stehen und so weit sind, das nun noch intensiver zu nutzen.

Kennst du das Gefühl, schon im Vorfeld zu wissen, was dein Gegenüber sagen wird?

☐ Ja ☐ Nein

Kennst du das Gefühl, wenn dein Gegenüber etwas auf eure Beziehung bezogen bedrückt, dein Gegenüber aber sagt, dass alles in Ordnung sei?

☐ Ja ☐ Nein

Passiert es dir häufig (mindestens fünfmal pro Jahr), dass du an jemand Bestimmten denkst und genau in diesem Moment oder ein paar Minuten später das Telefon klingelt und diese Person dich anruft oder dir eine Nachricht geschickt hat?

☐ Ja   ☐ Nein

Kennst du die Situation, dass du vergessen hast, etwas zu erledigen, und plötzlich wieder an diese Sache denkst, die du erledigen müsstest, und rund um diesen Gedanken herum sich plötzlich die betroffene Person meldet, die dich daran erinnert, dass du das erledigen solltest?

☐ Ja   ☐ Nein

Kennst du es, wenn du als Einzige oder Einziger erkennst, dass jemand lügt, alle anderen diese Lüge jedoch glauben?

☐ Ja   ☐ Nein

Kennst du es, wenn zwei Menschen sich begegnen und du sofort wahrnimmst, dass der eine am anderen Menschen Interesse hat bzw. als Single sofort Interesse hätte?

☐ Ja   ☐ Nein

Kennst du die Situation, wenn jemand dir ein Gespräch als »normales Gespräch« verkaufen will oder als »konstruktives Gespräch«, aber in Wirklichkeit bloß einen Profit für sich selbst daraus ziehen will?

☐ Ja ☐ Nein

Kennst du das Gefühl, dass jemand, der gerade extrem glücklich zu sein scheint, in Wirklichkeit gerade sehr unglücklich ist, dies aber ein bestimmter Tag ist, an dem er einen Lichtblick hat, der aber auch wieder vorbeigehen wird?

☐ Ja ☐ Nein

Kennst du das Gefühl, wenn Menschen eine andere Persönlichkeit vortäuschen, als sie tief in ihrem Inneren wirklich sind?

☐ Ja ☐ Nein

Kennst du es, wenn Menschen Ja sagen, aber eigentlich Nein sagen wollen, es aber nicht schaffen?

☐ Ja ☐ Nein

Je mehr du mit Ja beantworten konntest, desto ausgeprägter ist deine innere Fähigkeit, die Gedanken deines Gegenübers lesen zu können, die Energie deines Gegenübers lesen zu können.

Energien lesen zu können ist auch über Distanz möglich, nämlich dann, wenn die Energien sich synchronisiert haben. Wenn zwei Menschen sich begegnen und von beiden Seiten eine Synchronizität herstellen, dann sind sie wie zwei Uhren, die gleichmäßig ticken und aufeinander abgestimmt sind. Sie geben folglich auch zur selben Zeit Alarm und andere Anzeichen. Das eine und das andere Unterbewusstsein sind aufeinander abgestimmt. Das funktioniert jedoch nur dann, wenn beide dies auch wollen.

Zwar glaube ich Einsteins Theorie, dass nichts schneller ist als Licht, das in einer Sekunde sieben Mal unsere Erde umkreist. Und doch glaube ich, dass es Ausnahmen gibt, die Einsteins Theorie widerlegen. Dies sehen wir auch in der Quantenphysik.

Wenn subatomare Teilchen über viele Kilometer Distanz miteinander kommunizieren können und Wissenschaftler dafür keine Begründung finden, weil als Kommunikationsmedium ja nicht mal Licht schnell genug wäre, um zwischen diesen winzigen Teilchen zu kommunizieren, tut man jene Messungen einfach als »Messfehler« ab.

Einstein sagte: Es gibt nichts in unserem Universum, was schneller ist als Licht. Und doch behaupte ich: Es gibt sehr wohl etwas in unserem Universum, was schneller ist als Licht. Und das sind unsere eigenen Gedanken.

Ich habe in meinen Therapien nur zu oft erlebt, dass ich mit meinen Klienten in Gedanken zurück in die Vergangenheit gereist bin, um dort prägende Erlebnisse neu zu bewerten. Um die Vergangenheit zu besänftigen. Zu verändern. Was mich jeweils extrem erstaunte, war, wenn Klienten, die beispielsweise in unserer Therapie in die Vergangenheit reisten, um dort einem Menschen zu vergeben, auf einmal wieder in Kontakt mit jenem Menschen traten, ganz scheinbar »zufällig«, und dieser Mensch von sich aus auf einmal die Entschuldigung aussprach. Es ist also nach meinen Beobachtungen möglich, in die Vergangenheit zu reisen und diese zu verändern, was dann auch Auswirkungen auf die Menschen hat, die mit uns verbunden sind. Denn Wissenschaftler behaupten: Reisen in die Zukunft oder in die Vergangenheit sind nicht möglich, weil wir zum einen Lichtgeschwindigkeit erlangen müssten und zum anderen, weil unsere Masse größer wird, je mehr wir beschleunigt werden, und deshalb eine Beschleunigung von Masse auf Lichtgeschwindigkeit selbst theoretisch gar nicht machbar wäre.

Doch Gedanken bestehen nicht aus Masse. Gedanken sind Energie. Und Gedanken sind definitiv schneller als Licht. Folglich kann unser Geist – unsere Seele – in die Vergangenheit reisen, um diese dort zu besänftigen und zu verändern. Kommen wir danach wieder zurück in die Gegenwart, so hat sich plötzlich etwas sehr positiv verändert.

Wenn du also an einen Menschen denkst und dieser sich auf einmal aus dem Nichts heraus bei dir meldet, war es die Synchronizität, und es war die massive Geschwindigkeit eurer Gedanken, die über Distanz gereist sind und dies möglich gemacht haben.

Die Technik des Gedankenlesens

Es gibt wohl immer wieder Momente in deinem Leben, da stellst du dir die Frage, was du tun kannst, um die Gedanken deines Gegenübers noch besser lesen zu können.

Deshalb möchte ich dir an dieser Stelle drei Grundgesetze rund um das Gedankenlesen mit auf den Weg geben. Drei Grundgesetze, die wir alle, wenn wir die Gedanken unseres Gegenübers zuverlässig lesen wollen, auch wahrnehmen und anerkennen sollten.

Wahre Gedankenleser wissen, dass Gedanken frei sind. Es ist möglich, zu jeder Zeit alles zu denken. Menschen können mit ihren Gedanken zu jeder Zeit überall sein. Deshalb beachte folgenden ersten Grundsatz:

1. Verhalten der Gedanken verstehen

Viele versuchen, den Gedanken abzufangen wie einen auf uns zufliegenden Golfball. Diesen wirklich gezielt abfangen zu können ist nicht einfach. Stattdessen sollten wir uns nicht auf den Golfball konzentrieren, sondern auf den Golfspieler. Denn wissen wir, in welche Richtung er den Ball mit welcher Kraft schlagen will, so können wir auch vorhersehen, wo der Ball landen wird. Folglich, wo der Gedanke landen wird.

Auf das Gedankenlesen übertragen heißt das, dass wir nicht versuchen sollten, den Gedanken abzufangen, sondern dass wir viel mehr versuchen sollten, das Verhalten des Gedankens zu verstehen. Dies gibt uns auch Rückschluss auf die geistige Einstellung desjenigen Menschen, dessen Gedanken wir lesen wollen. Verstehen wir das Verhalten und die Einstellung der Gedanken des Gegenübers, so verstehen wir auch, was das Gegenüber nun wohl denken mag.

Doch wie können wir üben, das Verhalten der Gedanken unseres Gegenübers zu verstehen? Indem wir beobachten, welche Verknüpfungen unser Gegenüber macht.

Gedanken können sich nur über Verknüpfungen fortbewegen. Ein Gedanke muss von Eisscholle zu Eisscholle springen. Den Sprung macht er erst, wenn er die nächste sichere Eisscholle in Sicht hat. Ein Gedanke springt also von Insel zu Insel und kann nicht schwimmen. Wenn wir nun verstehen, welche Sprünge die Gedanken unseres Gegenübers machen, so wissen wir, welche Schollen oder Inseln dem Gegenüber gedanklich Sicherheit geben.

Doch wie finden wir heraus, was das Gegenüber im Geiste miteinander verbindet? Ganz einfach: Dein Gegenüber verrät es uns. Achte ganz einfach darauf, welche bestimmten Worte dein Gegenüber immer und immer wieder verwendet. Diese Worte geben Rückschluss darüber, was dein Gegenüber insgeheim gedanklich andauernd versucht zu verbinden. Oder anders erklärt: auf welchen Inseln sich die Gedanken deines Gegenübers sicher fühlen.

Denn dein Gegenüber hat rund um diese Worte, die es immer wieder braucht, bereits Vorstellungen kreiert, und diese Vorstellungen machen ganz maßgebende Nervenbahnen in seinem Gehirn aus. Nervenbahnen, die täglich gebraucht werden. Diese Nervenbahnen werden im Bezug auf fast alles hier oder da mal gebraucht. Kommt also etwas Neues auf dein Gegenüber zu, so wird das zuerst mal auf diese wichtige Nervenbahn geführt, die sehr dominant im Geiste deines Gegenübers ist. Erst wenn der Inhalt auf dieser Nervenbahn keinen Nutzen für dein Gegenüber mehr hat, wird der neue Gedanke sonst wo im Gehirn eingeordnet.

Es gibt also sehr zentrale Nervenbahnen in unserem Gehirn – das sind sehr zentrale Verknüpfungen, die auf fast alles Neue angewendet werden. Wie eine Formel-1-Testbahn. Kommt ein neuer Inhalt oder ein neuer Gedanke, so ist das wie ein neuer Wagen, der zuerst auf dieser Formel-1-Teststrecke gefahren wird, um zu sehen, ob es tatsächlich ein Formel-1-Wagen ist oder ob es ein anderer Wagen ist, den wir irgendwohin umlenken müssen.

Übung: Verhalten der Gedanken verstehen

- Merke dir die drei häufigsten Worte deines Gegenübers.
- Kreiere Vorstellungen rund um diese drei Worte, denn damit bist du mitten auf der zentralen Nervenbahn deines Gegenübers.
- Verbinde auch neue Themen mit diesen Vorstellungen,

mit dieser Nervenbahn, und schon weißt du, was dein Gegenüber mit hoher Wahrscheinlichkeit früher oder später denken mag.

2. Empathie anwenden

Empathie, die Fähigkeit, sich in dein Gegenüber hineinzuversetzen, wird dir viele Gedanken deines Gegenübers enthüllen. Du musst dich ganz einfach in dein Gegenüber hineinversetzen und versuchen, wie dein Gegenüber zu denken und dabei nachzuvollziehen, wie sich dein Gegenüber gerade fühlt, damit du auch dessen Gedanken verstehen und sogar lesen kannst.

Doch wie können wir uns empathisch ins Gegenüber hineinversetzen? Empathie zu lernen ist keine einfache Sache. Es fordert extreme Hingabe. Wenn man Empathie verspürt, vergisst man für kurze Augenblicke beinahe etwas sich selbst und ist förmlich nur noch beim Gegenüber und bei dessen Gedanken. Man taucht in dessen Gedankenwelt ein, in dessen Ängste, Sorgen und Gedankenkonstrukte und versteht, weshalb sich das eine oder andere positiv oder eben halt auch negativ anfühlt.

Wenn wir das Gegenüber empathisch intensiver wahrnehmen wollen, dann sollten wir nicht nur gedanklich in das Gegenüber eintauchen, sondern auch körperlich.

Deshalb sollten wir die gleiche Körperhaltung einnehmen, die gleiche Mimik übernehmen, die gleichen Worte benutzen und uns tief in die gleichen Gedankenkonstrukte hineinbewegen.

Die Körpersprache zu übernehmen hilft uns, uns körperlich in das Gegenüber hineinzuversetzen.

Die Mimik zu übernehmen hilft uns, die Emotionen des Gegenübers nachzuvollziehen, denn die Mimik ist der Ausdruck der Gefühle.

Die gleichen Worte zu übernehmen hilft uns dabei, die Vorstellungswelt und Energie des Gegenübers zu übernehmen – denn Worte basieren auf Vorstellungen. Wenn du also die Worte deines Gegenübers übernimmst, konstruiert dein Geist eine ähnliche Energie rund um die mit den den Worten verbundenen Vorstellungen und Energien.

Und indem wir uns in die Gedankenkonstrukte versetzen

und diese mit ähnlichen Konstrukten von uns vergleichen, können wir auch thematisch richtig eintauchen.

Wenn wir in die Gedankenkonstrukte unseres Gegenübers eintauchen, dann am besten, indem wir die Situation oder die Gedanken des Gegenübers mit uns selbst vergleichen und uns die Frage stellen: Hatte ich auch mal ähnliche Gedanken oder war ich auch mal in einer vergleichbaren Situation? Vielleicht in einem ganz anderen Zusammenhang?

Wenn wir auf diese Art und Weise Empathie herstellen, so sind wir geistig schon viel näher beim Gegenüber und können uns in das hineindenken und hineinfühlen.

Übung: Empathie anwenden

- Übernimm die Körperhaltung deines Gegenübers (Körper fühlen).
- Übernimm die Mimik deines Gegenübers (Emotion fühlen).
- Übernimm dieselben Worte deines Gegenübers (Vorstellungen und Energien der Worte).
- Tauche in die Gedankenkonstrukte deines Gegenübers ein (Situation und Gedanken nachvollziehen).

3. Storytelling

Die Methode des Storytellings ist eigentlich ein Instrument aus dem Marketing. Bei diesem Instrument wird den potenziellen Kunden meist in Form einer Metapher eine Geschichte erzählt, um auf diese Art und Weise die Nützlichkeit und die Vorzüge eines Produktes oder einer Dienstleistung zu verdeutlichen.

Wenn wir also im Marketing Storytelling anwenden, dann erzählen wir eine mitten aus dem Leben gegriffene Geschichte, um durch diese Geschichte das Produkt oder die Dienstleistung nahezubringen. Genauso aus dem Leben gegriffene Geschichten sollten wir in unserem Geiste kreieren, wenn wir die Gedanken unseres Gegenübers lesen wollen. Das heißt, wir sollten uns das Gegenüber in einer für sie oder ihn alltäglichen Situation vorstellen: beim Einkaufen, beim Zusammensein mit der Familie oder bei der Arbeit. So verbindet unser Unterbewusstsein sämtliche Wahrnehmungen in Hinblick auf das Gegenüber mit alltäglichen Begebenheiten und dessen möglichen Verhaltensweisen. Wir stellen also Zusammenhänge mit dem Gegenüber her. Zusammenhänge wie zum Beispiel: Wie reagiert unser Gegenüber in gesellschaftlichen Gruppen? Wie, wenn sie oder er bei der Arbeit getadelt wird? Wie, wenn sie oder er die Zeit mit der Familie verbringen kann?

Dadurch, dass wir uns unser Gegenüber in alltäglichen Zusammenhängen – also Geschichten – vorstellen, können wir uns zugleich auch ein intensiveres Bild über unser Gegenüber machen.

Storytelling bedeutet hier, dass wir uns unser Gegenüber in alltäglichen Situationen vorstellen und dadurch unserem Unterbewusstsein eine Vorlage geben, auf der es die Wahrnehmung des Gegenübers noch präziser analysieren kann.

Meine Empfehlung an dieser Stelle ist, sich das Gegenüber in einer privaten Geschichte, in einer freundschaftlichen Geschichte und in einer beruflichen Geschichte vorzustellen. In unterschiedlichen Umfeldern wird unser ganzheitliches Bild vom Gegenüber verstärkt.

Hinweise beim Gedankenlesen

Die Gedanken unseres Gegenübers lesen zu können kann uns dabei behilflich sein, unser Gegenüber noch besser einschätzen zu können. Denn so können wir auch für uns beurteilen, ob uns dieser Mensch wohl guttun mag oder nicht.

Um die Menschen, denen wir begegnen, noch besser einzuschätzen, können wir uns an Hinweisen auf vier kommunikativen Ebenen des Gegenübers orientieren: die Augen, die Bewegung, die Worte und die Energie des Gegenübers. Die Augen, weil sie das Tor zur Seele sind. Die Bewegung, weil es der Ausdruck der Seele ist. Die Worte, weil sie die Sprache der Seele sprechen. Und die Energie, weil sie das Maß der Seele ist.

Augen – das Tor zur Seele

Wenn wir über die Augen in das Gegenüber hineinblicken wollen, so sollten wir uns darüber im Klaren sein, dass die Augen immer in Verbindung mit den Gedanken stehen. Es gibt inzwischen einige Thesen über sogenannte Augensuchmuster, die besagen wollen, dass wir, wenn wir bestimmte Dinge denken, dabei in gewisse Richtungen schauen. Grund dafür ist, dass unser Gehirn scheinbar über bestimmte Augenbewegungen unterschiedliche Inhalte besser abrufen kann. Wenn wir also die Augen des Gegenübers als Tor zur Seele erkennen wollen, dann sollten wir uns an dem folgenden Grundsatz festhalten: Niemals pauschal verurteilen und vorschnell beurteilen, nur weil dein Gegenüber eines der in den folgenden Abschnitten genannten Merkmale aufgewiesen hat. Man muss stattdessen immer alles im Zusammenhang betrachten und beurteilen. Und wenn dein Gegenüber eines der folgenden Merkmale aufweist, so könnte das ja auch eine Art Zufall gewesen sein, der nicht viel mit deinen Verallgemeinerungen zu tun hat. Natürlich kann es auch ein zutreffender Hinweis auf dessen Gedankenwelt sein, trotzdem sollten wir immer auch den gesunden Menschenverstand nutzen, um zu beurteilen, wie aussagekräftig eines einzigen der folgenden kommunikativen Merkmale ist, ob Zufall oder ob doch ein Hinweis.

Wegschauen (Chamäleon)

Wer anderen nicht in die Augen schauen kann, möchte diesen nicht verletzen. Es kann aber auch sein, dass der Mensch selbst nicht verletzt werden will. Es kann sein, dass dieser Mensch dem Gegenüber einen weniger verletzlichen Aspekt der Wahrheit aufzeigen will – also auch mal lügt –, um das Gegenüber nicht zu verletzen. Der wegschauende Mensch hat meist ein zurückhaltendes Wesen.

Fokussieren (Rhinozeros)

Wer andere mit seinen Augen stark fokussiert, kann problemlos mit dem Kopf durch die Wand gehen.
Meist sind das Menschen, die sehr dominant, zielstrebig und selbstbewusst auftreten. Diese Menschen scheuen nicht die Konfrontation und wollen klare Kommunikation.

Schnelle Augenbewegungen (Wolf)

Wer ständig mit den Augen in unterschiedliche Richtungen schaut, ist gedanklich hoch aktiv und verbindet diverse Inhalte miteinander. Menschen mit so starken Augenbewegungen sind meist gute Verkäufer. Sie können in allem Positives wie auch Negatives sehen und erkennen auch Zusammenhänge, die andere so schnell nicht erkennen, was sie als Führungspersönlichkeiten auszeichnet.

Langsame Augenbewegungen (Reh)

Ganz langsame Augenbewegungen weisen auf sehr nachdenkliche und sicherheitsbedürftige Menschen hin. Wer die Augäpfel beinahe nicht bewegt, sondern viel mehr nur den Kopf bewegt, mag oder sucht womöglich eine ausgesprochene Geborgenheit und Sicherheit. Diese Menschen weisen oft auch ein sehr klares Wertesystem auf.

Menschen beobachten (Hund)

Diejenigen, die andere Menschen immer und überall beobachten, sind sehr gerne mitten im Geschehen und meist auch ziemlich extrovertiert. Sie finden Menschen und ihre Geschichten im Allgemeinen spannend. Deshalb reden sie auch sehr gerne von und über andere Menschen und werden auch gerne in deren Geschichten reingezogen.

Menschen meiden (Biene)

Diejenigen, die mit ihrem Blick andere Menschen meiden, sind die Freien und Unabhängigen, die nicht in andere Geschichten, die sie nichts angehen, verwickelt werden wollen. Sie wollen ganz einfach ihr Ding tun und darin gut sein. Diese Menschen sind sehr fleißig und in der Position neutral.

Leerer Blick (Lamm)

Menschen, die oft einen leeren Blick haben, sind so sehr in der eigenen Gedankenwelt, dass sie die Welt außen meist nicht richtig wahrnehmen können. Das sind oft Menschen, die hochsensibel sind und sich in ihre Gedankenwelt flüchten, sich schnell mal Sorgen über Dinge machen, über die man sich nicht sorgen müsste.

Weitblick (Schlange)

Wer einen Weitblick hat, will auch Gefahren sehen, die andere übersehen. Diese Menschen haben gern hohe Kontrolle. Ganz nach dem Motto: Vertrauen ist gut, Kontrolle ist besser. Mit diesem Weitblick wollen sie auch Potenziale sehen, die andere nicht auf Anhieb erkennen.

Bewegung – der Ausdruck der Seele

Die Bewegung des Körpers verrät uns sehr viel über die Menschen in unserem Umfeld. Wenn wir beobachten, wie sich diese bewegen, so gibt uns dies Aufschluss über ihr Wesen.

Jede Bewegung ist ein Ausdruck der Gedanken. Sobald wir sind, kommunizieren wir. Nicht nur, wenn wir uns bewegen, sondern auch dann, wenn wir uns nicht bewegen. Denn auch wer sich kaum bewegt, verrät viel über sich selbst. Ganz gemäß dem Kommunikationsgrundsatz nach Watzlawick: Man kann nicht *nicht* kommunizieren.

Wir können die Bewegung unserer Mitmenschen genau einordnen und erhalten demnach wichtige Informationen über diese Menschen. Auch hier gilt der Grundsatz, nicht zu pauschalisieren.

Sanfte Bewegungen (Reh)

Wer sich nur sehr langsam, ruhig und sanft bewegt, kommuniziert eher, nicht auffallen zu wollen und die Situationen sachte anzugehen. Menschen, die sich sehr ruhig bewegen, sind vielfach auch skeptisch, können geprägt sein und wollen deshalb zuerst die Sicherheit in der Situation oder in den Menschen, die an den Situationen beteiligt sind, wahrnehmen. Erst dann trauen sie sich leichtfüßiger zu sein.

Starrheit (Lamm)

Leute, die sich beinahe gar nicht bewegen, wollen dadurch auch nichts falsch machen. Sie sehen sich schnell mal in Gefahr, sobald sie in den Mittelpunkt gestellt werden. Deshalb sollte man ihnen unbedingt den Raum geben, den sie brauchen, um zu erkennen, dass um sie herum keine Gefahr besteht. Diesen Menschen ist nicht wirklich wichtig, was man von ihnen denkt, solange man sie möglichst in Ruhe lässt.

Dynamische Bewegung (Chamäleon)

Menschen, die sich sehr dynamisch bewegen, das heißt mal etwas schneller und mehr Bewegung aufbringen und mal ganz

ruhig – beinahe starr – werden, können sich sehr gut akklimati-
sieren und wollen es allen Beteiligten recht machen. Sie wollen
mit ihren Bewegungen nichts falsch machen und möglichst
von allen rundherum gelobt werden. Diesen Menschen ist sehr
wichtig, was man von ihnen denkt. Deshalb bewegen sie sich
sehr ähnlich, wie ihr Umfeld sich bewegt.

Hektische Bewegung (Hund)
Leute, die sich hektisch bewegen, befinden sich meist zwischen
zwei Fronten, die sie als Vermittler verbinden. Sie sind eine Art
Mediatoren, die zwischen denen, die sich kaum bewegen, und
denen, die sich viel bewegen, hin und her pendeln. Deshalb er-
scheint ihre Bewegungsstruktur eher hektisch auf uns, weil sie
beinahe nicht eingeordnet werden kann. Diesen Menschen ist
wichtig, dass sich die Menschen rundherum verstehen.

Wenig Bewegung (Biene)
Menschen, die sich wirklich nur dann bewegen, wenn es halt
eben notwendig ist, sind Menschen, die im Sparmodus sind
und ihre Energie für ihre Projekte einsetzen wollen und nicht
für unnötige Dinge. Diese Menschen enthalten sich gern mal,
was gesellschaftliche Konflikte oder Themen angeht. Sie mögen
die von ihnen selbst aufgebaute Welt, in der sie sich sehr wohl-
fühlen.

Egozentrische Bewegung (Rhinozeros)

Derjenige Mensch, der sich nur dann und nur so bewegt, wie er selbst es für richtig hält, ist eine Art egozentrischer Mensch, weil er nicht wirklich stark wahrnimmt, was um ihn herum im feinstofflichen Bereich passiert. Sein Wille und seine Durchsetzungsgabe sind ihm sehr wichtige Werte.

Betonte Bewegung (Wolf)

Die Menschen, die ihre Bewegungen stark betonen, beginnen in ihrer Betonung schon beinahe eine Art der Kraft oder Macht zu verdeutlichen. Diesen Menschen ist wichtig, dass ihre Ideen und Ziele an oberster Stelle stehen. Es sind die Leitmenschen unserer Gesellschaft. Meist betonen und untermalen sie mit Händen und Fingern die eigenen Aussagen.

Bedürfnisorientierte Bewegung (Schlange)

Dieser Typ ist der schon beinahe manipulative Bewegungstyp. Dies sind jene Menschen, die dich genau analysieren und sich dann so bewegen, wie du es brauchst, um dich geistig zu entspannen. Um loszulassen und zu vertrauen. Wenn sie merken, dass du Ruhe brauchst, bewegen sie sich allgemein ruhiger dir gegenüber. Wenn sie merken, dass du Antrieb brauchst, bewegen sie sich energievoller. Diesen Menschen ist wichtig, dass sie ihre Ziele erreichen, auch wenn sie sich dafür etwas anders geben müssen.

Jedes Wort ist ein Ausdruck der Seele. Worte tragen Bilder mit sich. Und diese Bilder verraten einiges über die Seele des Menschen. Ein Mensch, der sehr viel spricht, hat folglich auch eine hohe Anzahl Bilder in kurzer Zeit in seinem Kopf. Jemand, der eher sehr langsam spricht und sich auf wenige Bilder konzentriert, saugt diese intensiv auf. Auch hier gilt der Grundsatz, dass nicht pauschalisiert werden sollte, sondern dass alle Einteilungen von Menschen in bestimmte Schemata stets mit Bedacht und unter Vorbehalt gemacht werden sollten.

Wenige Worte (Reh)
Menschen, die nur sehr wenig reden, wollen die Situation unter Kontrolle halten, bevor sie sich mit fahrlässigen Worten in Gefahr bringen könnten. Sie glauben, dass es schlauer sei, nichts zu sagen, weil man dann auch nichts falsch machen könne, doch vergessen sie, dass auch im falschen Moment Schweigen zu Konflikten führen könnte.

Leise Worte (Lamm)
Leute, die nur sehr leise reden, sehen sich meist als nicht wirklich machtgetrieben. Sie lassen sich lieber führen. Sie orientieren sich stets an einer höheren Macht, ob nun menschlich oder göttlich, und sind deshalb meist auf nur sehr wenige Menschen fokussiert, von denen sie sich führen lassen.

Dynamische Worte (Chamäleon)
Diejenigen, die mal sehr schnell, mal viel, mal laut sowie mal langsam, mal wenig, mal leise reden, sind Menschen, die sich stets der Situation anpassen, um nicht aus der Masse herauszuragen. Sie wollen gut bei den anderen ankommen.

Fragen und Antworten (Hund)

Menschen, die sehr harmoniebedürftig sind und auch wollen, dass sich am besten alle ihre Freunde und Bekannten um sie herum miteinander verstehen, weisen eine Art auf, Fragen aufzuwerfen, auf die es Antworten geben soll. Dieses Fragen nach Antworten trägt einen lösungsorientierten Ansatz in sich.

Laute Stimme (Rhinozeros)

Menschen mit grundsätzlich lauter Stimme weisen eine eher geringere Sensibilität für die Wahrnehmung der Mitmenschen auf. Sie sind meist stark auf sich selbst konzentriert und hören andere Stimmen meist erst, wenn die denselben Lautstärkepegel haben wie ihre eigene. Dies entspricht ihrem Wahrnehmungsfeld.

Betonte Worte (Wolf)

Leute, die ihre Worte stark betonen, weisen eine starke Überzeugungsfähigkeit auf. Denn Betonung allein kann schon sehr viel Aufmerksamkeit und Glaubwürdigkeit generieren. Menschen, die ihre Worte und Sätze stark betonen, sind meist in einer führenden Rolle.

Angst und Lob (Schlange)

Menschen, die viel loben und auch viel Angst schüren, hegen meist manipulative Absichten und wissen ganz genau, mit welchen Worten oder Fragen sie ihre Mitmenschen um den kleinen Finger wickeln können.

Neutrale Inhalte (Biene)
Diejenigen, die für keine Seite Partei ergreifen, sondern sich stets neutral ausdrücken, wollen in keinen Schlamassel reingezogen werden, sondern wollen ihre Ruhe und die Energie effizient so einsetzen, dass, gepaart mit viel Fleiß, das Maximale daraus erreicht werden kann.

Energie – das Maß der Seele

Sobald wir reden, uns bewegen oder nur beobachten, sind wir in einer entsprechenden Energie. Es ist wichtig, ein Gleichgewicht der unterschiedlichen Energien in sich zu tragen oder, wenn man primär in einer Energie ist, man sich mit allen Umständen so sehr arrangieren kann, dass man aus dieser Energie das Beste für sich selbst rausnehmen kann. Man darf nicht zu streng mit sich selbst sein und sollte sich immer auch Spielraum dafür geben, dass Energien sich transformieren, das heißt verändern dürfen und dass dies auch seine Zeit haben darf. Wichtig bei den folgenden vier Energien ist, dass diese nicht verurteilt werden sollten, sondern dass diese einfach so angenommen werden sollten, wie sie sind. Die vier Grundenergien sind die empfangende Energie, die verbindende Energie, die führende Energie und die Meta-Energie.

Empfangende Energie (Reh und Lamm, blau)
Wer sich in der empfangenden Energie befindet, ist in einer Rolle, in der dieser Mensch verletzbar sein kann, aber auch erfreut werden kann. Denn wer in der empfangenden Rolle ist,

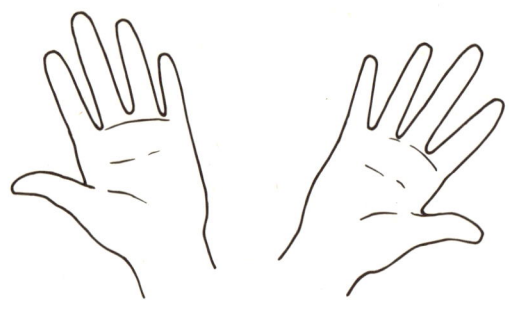

lässt Vieles mit sich geschehen, mit sich machen. Personen in dieser Energie geben für diese Zeit die Verantwortung ein Stück weit ab und lassen sich gerne führen. Dadurch kann man sich schnell mal auch benachteiligt, sprich als eine Art Opfer, sehen oder auch beglückt, im Sinne von belohnt und besonders geliebt, fühlen. Immer dann, wenn wir beispielsweise auf die Handlung eines anderen Menschen angewiesen sind und uns gedulden müssen oder auch wenn wir in einer Opferrolle sind, befinden wir uns in dieser empfangenden Haltung und Energie.

Verbindende Energie (Chamäleon und Hund, grün)
Menschen in der grünen Energie sind stark harmoniebedürftig und meist zwischen zwei Extremen. Sie verstehen von allem die guten wie auch die schlechten Seiten. Immer dann, wenn wir es anderen recht machen wollen, sind wir in dieser verbindenden Rolle. Immer dann glauben wir, uns bei anderen beliebt machen zu müssen oder dafür sorgen zu müssen, dass man auf gar keinen Fall schlecht von uns denkt oder schlecht über uns spricht.

In dieser Rolle zu sein kann auch sehr energieraubend sein, weil man in dieser Rolle immer bloß auf die äußeren Blickwinkel fokussiert ist und die eigenen Bedürfnisse vergisst. Menschen, die in helfenden Funktionen sind oder die schon beinahe eine Art Helfersyndrom haben, sind häufig in dieser Rolle.

Führende Energie (Rhinozeros und Wolf, rot)
In der führenden Energie sind wir in der schöpfenden Energie, die aber auch zugleich mit Verantwortung verbunden ist. Wenn wir in dieser Energie sind, dann oft auch im Bedürfnis der Kontrolle. Gerade weil so viel Verantwortung mit dieser Energie einhergeht, kann in dieser führenden Energie gern

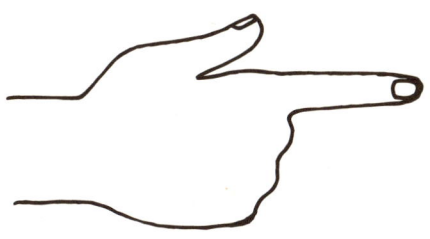

auch die Angst aufkommen, zu scheitern, jemanden zu enttäuschen oder etwas nicht gut genug zu machen. Wenn andere Menschen enttäuscht wurden, übernehmen wir in dieser Energie gern die Täterrolle.

Wir alle haben unsere Bereiche, in denen wir in dieser Energie sind. Es ist die Schöpferenergie, in der wir Neues erschaffen.

Meta-Energie (Schlange und Biene, gelb)

In dieser Energie fühlen wir uns ein Stück weit überlegen. Wir sehen keinen Grund, uns in ein Täter-Opfer-Helfer-Dreieck hineinzubegeben. Wenn wir in dieser Energie sind, werden wir von Unbetroffenheit angetrieben, weil wir in dieser Rolle sehr stark in einem erhöhten Bewusstsein sind, und sehen uns dadurch auch in einer Rolle, in der die Kontrolle scheinbar oder sicher auf unserer Seite ist, weil wir uns auf verlässliche und übergreifende Gesetzgebungen verlassen können, denen wir uns in dieser Energie näher fühlen.

Verschlüsselte Botschaften

Ein gewisser Teil unserer Kommunikation erfolgt ausschließlich unbewusst. Diese Kommunikation ist insbesondere dort spannend, wo noch nicht alles ausgesprochen ist. Das heißt, wenn dein Gegenüber zum Beispiel lügt, so ist die Analyse der unbewussten Kommunikation hoch spannend, weil sie uns Aufschluss über Inkongruenzen gibt. Eine Inkongruenz ist ein Widerspruch oder zumindest ein Nicht-Übereinstimmen zweier kommunikativer Elemente. Wenn beispielsweise die Worte etwas anders sagen als der Körper. Deshalb schauen wir uns mal die wesentlichsten verschlüsselten Botschaften an. Doch bevor wir diese angehen, gilt wieder zu betonen: Die Ausnahme bestimmt die Regel. Das will heißen, dass du nicht bloß wegen eines der folgenden Merkmale dein Gegenüber verurteilen solltest, denn es kann immer sehr viele Gründe geben, weshalb jemand dieses oder jenes kommunikative Merkmal aufweist. Es kann sein, dass diese Merkmale zutreffen, es muss aber keineswegs der Fall sein. Die folgenden 15 verschlüsselten Botschaften beschreiben die wichtigsten nonverbalen wie auch verbalen Verschlüsselungen:

Lippen
Zusammengepresste Lippen weisen darauf hin, dass etwas Bestimmtes noch nicht ausgesprochen wurde. Wenn also dein Gegenüber sagt, dass es bei einem gewissen Thema alles gesagt habe, und gleich danach die Lippen zusammenpresst, so ist das das Anzeichen des Unterbewusstseins, das die Lippen zusam-

menpressen will, damit nicht ungeschickterweise irgendetwas Heikles herausgelangt.

Finger oberhalb der Unterlippe

Als Kind haben wir uns den Mund zugehalten, wenn wir uns ganz ungeschickt bei irgendeiner Sache verraten haben. Diesen Reflex, mit der Hand zum Mund zu gehen, haben wir immer noch im Blut. Allerdings weichen wir, oben bei der Lippe angekommen, dann irgendwie aus, weil wir nun als Erwachsene Menschen wissen, dass ein Zuhalten des Mundes zu auffällig wäre. Also kratzen wir uns bei einer heiklen Aussage an der Wange, streichen uns über die Nase oder machen sonst irgendwas oberhalb der Unterlippe. Denn nur wenn der Finger oberhalb der Unterlippe ist, ist er für das Unterbewusstsein dort, wo er Wahrheiten noch abfangen könnte, bevor sie die Lippen verlassen.

Fixierter Blick

Wenn dein Gegenüber auf einmal, ganz ungewohnt, deinen Blick fixiert, dann kann dies ein Zeichen dafür sein, dass diese Person besonders überzeugend sein will. Beinahe etwas zu überzeugend für gewisse Themen, in denen wir vom Gegenüber gar nicht eine solch starke Überzeugungsfähigkeit gefordert haben.

Wegschauen

Wenn dein Gegenüber in heiklen Momenten wegschaut, möchte es verdeutlichen, dass die Thematik für ihn keine Gefahr darstellt. Doch besonders weil es so stark verdeutlicht wird und nicht von unserer Seite eingefordert wird, ist dies etwas verräterisch.

Gehobene Augenbrauen

Wer seine Augenbrauen hebt und dadurch die Stirn runzelt, verdeutlicht, dass diese Person offen für Vorschläge ist oder die Antwort selbst noch nicht kennt. Wer die Augenbrauen hebt und zugleich einen Tipp oder Hinweis abgibt, weiß gar nicht, ob dieser Tipp oder Hinweis etwas taugt.

Überkreuzte Beine

Haltungen mit überkreuzten Beinen zeugen von hoher Selbstsicherheit. Diese Person hat unbewusst einen starken Halt oder vielleicht auch schon einen geheimen Plan, der ihr dieses Sicherheitsgefühl verschafft.

Sich bewegender Fuß

Wenn dein Gegenüber einen oder sogar beide Füße ständig hebt oder stark bewegt, obschon es dafür keinen Grund gibt, zum Beispiel, weil sie oder er gemütlich sitzt, so kann dies bedeuten, dass dein Gegenüber sich schon in Fluchtposition versetzen will. Die archaischen Prozesse, also unsere steinzeitlichen

Handlungen wie Angriff, Flucht und Resignation, werden meist über die Extremitäten, also Hände und Füße, deutlich, weil diese auch in engem Verhältnis mit dem limbischen System im Gehirn stehen.

Hand an Hinterkopf

Streichelt sich die Person, mit der du sprichst, selbst über den Hinterkopf oder hält die Hand ruhig dort, so kann dies davon zeugen, dass dieser Mensch sich selbst beruhigen muss und sich vielleicht eben in diesem Moment Sorgen macht.

Dies kann daher kommen, dass wir als Kind oft auf diese Weise getröstet werden und es nun mit uns selbst tun, wenn wir niemanden haben, die oder der uns tröstet.

Rhythmische kleine Bewegungen

Jegliche Form von rhythmischen Bewegungen zeugt von Nervosität. Diese Person hat in sich eine Unruhe, eventuell wegen eines gedanklich ungelösten Konfliktes.

»Nein.«

Wer auf eine heikle Frage hin bloß »Nein« sagt, ohne das Nein zu begründen, verdeutlicht, dass hinter diesem Nein eine Begründung steckt, die womöglich wieder Konflikte zur Folge hätte.

Geschlossene Frage offen beantworten

Wer eine geschlossene Frage, das heißt eine Frage, die man mit Ja oder Nein beantworten kann, so beantwortet, dass weder ein Ja noch ein Nein fällt, verdeutlicht, dass die Antwort gemieden wird.

Gehobene Stimme

Wer die Stimme hebt, hat noch nicht zu Ende gedacht. Diese Person will vielleicht nicht, dass zu Ende gedacht wird, oder will die Verantwortung dadurch von sich weisen.

Negationen

Wer in Negationen spricht, verrät vieles über die eigene Gedankenwelt. Wer beispielsweise sagt: »Ich wollte damit nicht sagen, dass du lügst«, verdeutlicht, dass sie oder er eben doch schon mal gezweifelt hat. Denn unser Unterbewusstsein kann sich die Negation – nie, nicht, nie mehr, niemals etc. – nicht vorstellen. Stattdessen nimmt viel mehr jenes Bild den Raum des Geistes ein, das negiert wird. Bei diesem Beispiel: sich uns lügend vorstellen.

Wer also in Negationen spricht, verrät, was er oder sie über uns denkt, sich aber nicht zu sagen traut.

Von sich ablenken

Wenn dein Gegenüber von sich ablenkt, will sie oder er wohl nicht über sich sprechen, aus der Angst heraus, dass es einen Konflikt bei Unstimmigkeit geben könnte. Dein Gegenüber will also vielleicht aus Angst vor Ablehnung nicht von sich sprechen.

»Wirklich« und »sicher nicht«

Worte wie »wirklich« (auch »in der Tat« etc.) weisen darauf hin, dass es tatsächlich so ist, wie dein Gegenüber es sagt.

Worte wie »sicher nicht« (auch »gewiss nicht« etc.) verdeutlichen, dass das Gegenüber es wohl wirklich ernst und ehrlich meint. Besonders dann, wenn danach noch eine Begründung folgt, denn solch deutliche Worte wie »wirklich« oder »sicher nicht« fordern eine Begründung.

Polarität und Resonanz

Sobald wir uns mit Fragen wie »Welche Art Mensch ziehe ich an? Und weshalb?« auseinandersetzen, geraten wir sehr schnell an weitverbreitete Thesen wie: »Du ziehst die Menschen an, die einen Teil von dir spiegeln.«

Ich persönlich finde die These, dass wir alle eine Art »inneren Spiegel« haben sollen, der uns im Außen nur Aspekte von uns selbst aufzeigt, sehr plump und einfach widerlegbar. Denke ich beispielsweise an Schwerstverbrecher oder Tierquäler und hege für diese negative Emotionen, so finde ich nicht, dass diese Menschen einen Teil von uns selbst widerspiegeln, sondern eben gerade das Gegenteil: Sie verdeutlichen uns etwas, was wir noch gar nicht kennen und auch zutiefst verurteilen und das nie Teil von uns sein wird und auch nie Teil von uns sein kann. In diesem Falle verurteilen wir einen Gegensatz dessen, was wir in uns spüren. Am Beispiel des Tierquälers: In uns herrscht die Tierliebe. Im Außen beobachten wir den würdelosen Umgang mit Tieren.

Wenn ich also einem herzlosen, rücksichtslosen und unmoralisch handelnden Menschen begegne, mich über diesen ärgere und dies einem vermeintlich spirituellen Menschen erzähle, der mir dann mit seinem pseudoesoterischen Geschwafel klarmachen will, dass dieser Mensch etwas in mir gespiegelt haben soll, dann stehe ich kurz davor, dieser Person auf pikante Art und Weise zu widersprechen, zum Beispiel, indem ich sagen würde: »Komisch, weil, wenn ich in den Spiegel schaue, sehe ich nur mich selbst. Wenn ich aber einen anderen anschaue, sehe ich mich selbst nicht, weil mein Gegenüber ja nicht reflektiert, so wie es beschichtete Glasscheiben – eben Spiegel – tun.«

Es ist einfach nicht wahr, dass alles, was in uns negative Gefühle erweckt, etwas in uns widerspiegelt, das wir angeblich gemäß den Pseudo-Esoterikern »anschauen sollten«. Wenn dem so wäre, dann müssten wir ja auch, wenn uns jemand mit einem Messer hinterherrennt, stehen bleiben und uns ins höhere Bewusstsein versetzen, um zu erkennen, dass diese Angst vor diesem Menschen und dem Messer nur eine Reflexion eines Anteils von uns selbst – eben unserer innerer Spiegel – sei.

Es gibt diesen inneren Spiegel schon, überall dort, wo wir auf Resonanz treffen. Aber nicht bei jeder negativen Emotion. Denn eine negative Emotion ist keine Resonanz, sondern eine Interferenz. Also eine Form von Disharmonie.

Wenn wir in Resonanz mit einer Sache oder mit einem Menschen sind, dann haben wir gute Emotionen einer Sache gegenüber. Und diese gute Emotion verdeutlicht uns, dass uns das gefällt, was wir erleben, und wir deshalb die Energie dieser Sache oder den entsprechenden Menschen zulassen. Aber auch dann muss es nicht bedeuten, dass es immer ein Spiegel eines Anteils von uns selbst ist. Es kann durchaus sein, dass wir in Resonanz mit einem Menschen mit einem gewissen Talent sind, das wir eben nicht besitzen, aber bewundern. Zum Beispiel, wenn ein Mensch die Fähigkeit einer Person bewundert, sich treffend auszudrücken. Vielleicht möchte dieser Mensch sich auch gern so treffend ausdrücken können, und insofern ist diese Resonanz ein Spiegel mit dem Wunsch dieses Menschen. Der Wunsch nach dieser Fähigkeit, sich treffend auszudrücken, ist vorhanden und kam deshalb zur Resonanz.

Neben diesem Resonanzgesetz, das uns verdeutlicht, dass wir ähnlich positive Menschen in unser Leben ziehen, gibt es eben auch das Polaritätsgesetz, das verdeutlicht, dass uns der Kontrast zu uns selbst auffällt, weil wir unser pures Gegenteil anziehen. Das ist insbesondere dann der Fall, wenn wir sehr stark bei uns selbst sind, uns mit unserer Meinung stark auseinandersetzen und unsere Meinung als sehr positiv bewerten. Dadurch fällt uns auf, dass es im Außen eben nicht immer so ist wie in unserem Inneren. Ein Beispiel: Du bist sehr spendabel und magst es, anderen Menschen eine Freude zu bereiten, indem du mal etwas zahlst, was eigentlich auf ihre Rechnung gehen müsste. Weil du selbst diese Geste so besonders positiv findest, fällt es dir auf, wenn andere das pure Gegenteil, nämlich sehr geizig, sind und ihr Gegenüber selten bis nie einladen. Dies entspricht dem Polaritätsgesetz. Gemäß dem gesellschaftlich verbreiteten Motto: Gegensätze ziehen sich an.

In beiden Fällen, also beim Resonanz- wie beim Polaritätsgesetz, ist eine anziehende Kraft gegeben. Der maßgebende Unterschied ist die wohl wichtigste Kraft überhaupt: der Wille.

Beim Resonanzgesetz ist die Anziehung deshalb vorhanden, weil wir die Ähnlichkeit des Gegenübers, die wir auch in uns wahrnehmen, genießen wollen. Der Wille ist vorhanden.

Beim Polaritätsgesetz ist der Wille nicht da, dem zu begegnen, was wir geistig verurteilen. Dadurch kreieren wir eine Art natürlichen Schutz um uns herum. Dieser Schutz bedeutet eine gewisse Sensibilität und ein Warnsystem. Sobald etwas auf diesen Schutz prallt, wird uns dies auf einmal bewusst. Es prallen Dinge auf diesen Schutz, die definitiv nicht Teil von uns sind. Weil wir aber sehr bei uns selbst sind, fällt uns viel schneller auf, wer oder was eben gar nicht so ist wie wir. Dadurch sind wir in Gedanken bei diesen Menschen und geben jenen Menschen in unserem Geiste Aufmerksamkeit, die wir gar nicht gewählt haben.

Bei der Resonanz sind wir nach außen gerichtet: im Außen suchend.
Bei der Polarität sind wir gedanklich nach innen gerichtet: das Innere beschützend.

Wenn wir nun also Menschen anziehen, die genauso sind wie wir, so kann dies das Resonanzgesetz sein. Das fühlt sich meist sehr wohlig an. Besonders in Freundschaften oder in beruflichen Beziehungen ist die Resonanz stark verbreitet.

Wenn wir uns aber über jemanden ärgern, dieser Mensch das pure Gegenteil von uns ist, so kann dies uns verdeutlichen, wie weit weg wir in Wirklichkeit von diesem Menschen sind: nämlich wirklich weit weg.

Natürlich kann ein Mensch, der sich ganz anders verhält als wir, eine Person unserer Vergangenheit widerspiegeln und diese Person insofern »etwas in uns« widerspiegeln. Meist haben diese Personen aus unserer Vergangenheit, die gespiegelt werden, damals eine so starke Rolle eingenommen, dass wir automatisch die entgegengesetzte Rolle eingenommen haben, um das Soziale zwischen uns und diesem Menschen wieder etwas auszugleichen. In diesen Fällen kann passieren, dass wir unser Gegenstück anziehen. Aber das muss auch da nicht der Fall sein.

Wenn du merkst, dass ein Empfinden mit deiner Vergangenheit zu tun hat, so empfehle ich, einen Therapeuten zu konsultieren, um mittels der Arbeit mit der Vergangenheit auch deine starke Einnahme einer extremen Rolle zu ändern, damit dir Menschen im anderen Extrem dieser Rolle nicht mehr besonders auffallen und du mit diesen Rollen einen neuen Umgang erschaffen kannst.

Wenn du also das nächste Mal einen ***** (zensiert) in deinem Leben ertragen musst, so muss das kein von dir widergespiegelter Teil sein, sondern es kann dir auch einfach verdeutlichen, dass dir sein Fehlverhalten auffällt, weil du das pure Gegenteil davon und auf deine innere, positive Haltung fokussiert bist.

Schutz – wie wir uns vor Menschen, die uns nicht guttun, schützen

Wann immer du einen Menschen in dein Leben ziehst, der dir nicht guttut, so ist es von höchster Bedeutung, dich und deine Seele vor zu tiefen Verletzungen zu schützen. Nicht, dass dein Gehirn plötzlich noch Verbindungen erschafft, die völlig diffus sind. Orientiere dich an deinen positiven Verbindungen in deinem Geiste, die dich immerzu getragen haben.

Wann immer du registriert hast, dass es in deinem Umfeld Menschen gibt, die dir nicht guttun, so ist wichtig, dass du folgende Schritte befolgst, um dich und dein auch teils verletzbares Unterbewusstsein gut schützen zu können und in der positiven Energie zu bleiben. Am besten wendest du diese folgenden vier Schritte einmalig an und beobachtest, wie du fortan deutlich mehr Schutz vor Menschen hast, die dir nicht guttun. Du wirst wohl auch bemerken, dass du diese Menschen auch nicht mehr anziehen wirst. Sie werden dir, das ist das Ziel dieser Übung, fernbleiben. Wende diese Übung nur einmalig an und lasse sie wirken. Dein Unterbewusstsein muss diese neuen inneren Vorstellungen sich setzen und wirken lassen. Deshalb solltest du die folgende Vier-Schritte-Übung frühestens zwei Wochen nach der ersten Anwendung wiederholen:

1. Verurteile dich nicht selbst

Viele weisen ein selbstverurteilendes Denken auf und reden sich selbst ein, dass das irgendein Produkt ihrer inneren Geisteswelt sein muss. Dort beginnt oftmals schon der Selbstvorwurf im Stile von inneren Monologen wie »Wäre ich selbst doch bloß anders, so wäre mir das auch nie widerfahren«.

Sich selbst zu lieben, so wie man ist, mit all unseren Ecken und Kanten, ist eine der wichtigsten Gegebenheiten, die unsere Gesellschaft sehr gut gebrauchen kann. Mehr denn je zuvor. Letztendlich trägt die ganze Digitalisierung dazu bei, dass wir uns noch viel weniger spüren. Denn mittlerweile erledigt ja alles der Computer oder das Handy für uns. Und die Sensorik, das Selbstvertrauen, die durch das Selbstmanagement gefordert sind, bleiben auf der Strecke. Wer immer wieder Dinge selbst tun muss, weiß, dass dabei Fehler geschehen können. Aufgrund von Fehlern lernen wir hinzu. Ohne Fehler könnten wir niemals erfolgreich sein, oder der Erfolg würde nicht anhalten. Denn Fehler machen den Nährboden luftig weich. So wie Agrarboden von Regenwürmern durchlässiger gemacht wird, damit noch mehr auf diesem Nährboden gedeihen kann, genau so sollte unserem Geist mithilfe von Fehlern immer mehr Leichtigkeit widerfahren.

Die folgende Übung kann dir helfen, die Selbstvorwürfe zu beenden:

Übung: Verurteile dich nicht selbst

1. Gehe in eine Situation, in der du besonders stolz auf dich warst.
2. Gehe als dieses damalige Ich zurück zu deinem Ich, das das Gefühl hatte, einen Fehler gemacht zu haben (egal in welchem Alter).
3. Stell dir vor, wie dein stolzes Ich dein Fehler machendes Ich in den Arm nimmt und diesem sagt: »Du hast dein Bestes getan. Denn hättest du es besser gewusst, hättest du es anders gemacht.«

Denke an dieser Stelle an die Tatsache, dass du zu jedem Zeitpunkt deines Lebens die beste Version von dir selbst bist. Du bist so, wie du bist, wunderbar, denn du gibst immer dein Bestes. Hättest du es damals, als du einen Fehler gemacht hast, besser gewusst, so hättest du dich damals auch anders verhalten. Aber egal, ob du rückblickend damals zu egoistisch gehandelt hast oder schon fast zu selbstlos und dich dabei beinahe aufgeopfert hättest: Zu dem damaligen Zeitpunkt war das die beste Entscheidung, die du treffen konntest. Dein Unterbewusstsein hat damals die Situation – wie jeden Tag – präzise analysiert und eine Entscheidung gefällt, die zu dem damaligen Zeitpunkt die beste Entscheidung war.

Du hast gestern deine beste Entscheidung getroffen.

Du triffst heute deine beste Entscheidung.

Und du wirst morgen deine beste Entscheidung treffen.

2. Löse unerwünschte Menschen von deiner Vergangenheit ab

Dieser zweite Schritt führt dazu, dass du Menschen, die dir nicht guttun, nach dieser Übung fortan gar nicht mehr oder mit geringerer Wahrscheinlichkeit anziehen wirst.

Zudem ermöglicht diese Übung, dass du noch häufiger in eine für dich noch idealere Rolle als Mensch gelangst.

Negative Menschen in unserer Vergangenheit haben uns geprägt. Und sie haben damals eine derart dominante Rolle besetzt, dass wir die diesem Menschen entgegengesetzte Rolle einnahmen. Wenn also verletzende Menschen sehr dominant waren, so nahmen wir unwillkürlich eher eine etwas schüchterne Rolle ein. Das ist Systemtheorie. Dadurch, dass unser Unterbewusstsein die entgegengesetzte Rolle einnimmt, bleibt das System im Gleichgewicht. Ein vollkommen natürlicher Prozess, der mit uns allen geschieht.

Wenn wir aber diese entgegengesetzte Rolle immer wieder einnehmen, gewöhnen wir uns irgendwann an diese Rolle und ziehen unwillkürlich automatisch weiterhin dominante Menschen an. Wir tun dies, obschon wir vielleicht auch gern mal etwas mehr Dominanz zeigen möchten.

Deshalb ist wichtig, dass wir für unser Unterbewusstsein jene Menschen aus unserer Vergangenheit ablösen, damit die dominante Rolle wieder frei wird und wir diese hier und da auch mal einnehmen dürfen und so noch viel mehr mit uns und unseren unterschiedlichen inneren Rollen im Gleichgewicht sind.

Mit der folgenden Übung löst du die unerwünschten Menschen von deiner Vergangenheit ab. Wenn du glaubst, dass es besser sei, die Vergangenheit gemeinsam mit einem Psychotherapeuten zu behandeln, so kannst du diese Übung von einem Psychotherapeuten angeleitet durchführen oder diese vorerst mit deinem Psychotherapeuten besprechen. Die Übung soll insbesondere für dein Unterbewusstsein eine sehr effiziente, positive Wirkung zur Folge haben:

Übung: Unerwünschte Menschen von der Vergangenheit ablösen

1. Reise als nun erwachsenes Ich mit geschlossenen Augen in deinen Gedanken in die Vergangenheit, in die Zeit, die von dem unerwünschten Menschen betroffen war.
2. Begegne als nun erwachsenes Ich demjenigen unerwünschten Menschen von damals (mit dem damaligen Alter). Stell dir vor, wie dieser damalige Mensch reagiert, wenn er auf einmal dich, dein erwachsenes Ich, sieht.

3. Stell dir vor, wie dir weitere Menschen oder Geisteswesen den Rücken stärken in dieser Situation.
4. Öffne an jenem Ort in deiner Vorstellung eine Tür, die in einen Türrahmen gefasst ist. Wenn du diese Tür öffnest, ist dahinter einfach nur das schwarze Nichts. Stell dir vor, wie du als erwachsenes Ich jenen Menschen, den du von deiner Vergangenheit ablösen möchtest, in dieses schwarze Nichts hineinschiebst. Dann schließe die Tür. Drehe den Schlüssel und mach mit diesem Schlüssel, was immer du möchtest (wegwerfen, verbrennen, verstecken, aufbewahren etc.).

Mit der Anwendung dieser Übung prägst du dein Unterbewusstsein derart positiv, dass du von nun an auch wie imprägniert bist gegen jene Menschen, die dir nicht guttun. Damit du und dein Unterbewusstsein von nun an solche Menschen gar nicht mehr anziehen, weil ihr sie nun von euch und eurer Vergangenheit abgelöst habt.

3. Schutz vor denen, die dir nicht guttun

Abschließend solltest du dir einen konkreten Schutz aufbauen. Stell dir mit geschlossenen Augen vor, wie du dir einen Schutz in Form einer Hülle um dich herum aufbauen kannst. Vielleicht helfen dir noch andere Menschen oder Geisteswesen dabei, diese

Hülle aufzubauen. Eine Hülle, die wie geschaffen ist aus einer schützenden Energie. Und egal, wohin du dich bewegst: Dieser energetische Schutz, diese Hülle, begleitet dich. Diese Energie, diese Hülle, hat auch eine wundervolle Farbe. Alle negativen Dinge prallen an dieser Energie ab. Und du kannst dich darin in Geborgenheit beschützt fühlen. Und kannst in dieser Geborgenheit auch geistig wachsen und dich weiterentwickeln.

Negative Menschen können nicht mehr Teil deines Energiefeldes sein, weil sie an dieser energetischen Hülle abprallen und dieser neuen Energie von dir nun auch aus dem Weg gehen.

Übung: Schutz aufbauen

1. Stell dir vor, wie du dir allein – oder mit Unterstützung anderer oder Geistwesen – eine schützende Hülle um dich herum, aus einer schönen Energie, die in einer schönen Farbe erstrahlt, aufbaust.
2. Stell dir vor, wie dich diese Energie begleitet und beschützt. Egal, wohin du gehst. Und dass du in dieser Energie sicher bist.
3. Nimm besonders die Farbe dieser Hülle ganz intensiv wahr.

Mittels dieser Übung verankerst du in deinem Unterbewusstsein genau diese positive Energie. Und weil sie so deutlich verankert ist, strahlst du sie von nun an fortlaufend aus. Dies führt dazu, dass du negative oder unerwünschte Menschen verscheuchst. So wie Vampire mit Knoblauch verscheucht werden, werden die für dich unerwünschten Menschen von dieser positiven Energie verscheucht.

4. Positive Verbindungen aufbauen

Mit dieser abschließenden Übung versiegelst du nun für dein Unterbewusstsein deinen Schutz vor unerwünschten Menschen, indem du für dein Unterbewusstsein die eine neue Gewohnheit setzt: dass du von nun an nur noch positive Menschen anziehen wirst.

Wenn du und dein Unterbewusstsein die Abmachung getroffen habt, dass ihr von nun an nur noch in Verbindungen zu positiven Menschen treten wollt, so wird diese Abmachung unwillkürlich eine Auswirkung auf dich und dein Verhalten haben. Du wirst ganz unbewusst all jenen Menschen aus dem Weg gehen, die dir nicht guttun. Getraue dich auch, dies den Menschen mitzuteilen, die dich derzeit umgeben. Sag ganz einfach immer wieder in diversen Gesprächen:

> »Ich habe mich dazu entschlossen, von nun an nur noch positive Menschen in mein Leben zu ziehen.«

Diese Worte werden eine Auswirkung haben. Auch auf die, denen diese Worte zu Ohren kommen werden, und sie werden gewisse Menschen auch abschrecken.

Das besonders Angenehme an dieser Vier-Schritte-Übung ist, dass die Menschen, denen du den Rücken kehren möchtest, davon nicht mal viel mitkriegen. Weil das Ganze auf einer feinstofflichen Ebene passiert, spüren jene Menschen, die dir nicht guttun, dass sie bei dir nicht mehr andocken können, aber können sich nicht erklären, weshalb. Aber allein schon der Fakt, dass sie sich von dir nicht mehr angezogen fühlen, genügt.

Sollte aber doch mal eine Person dieses Feinstoffliche nicht spüren, so empfehle ich dir, dass, wenn du schon weißt, wer dir nicht guttut, du den Kontakt zu dieser Person trennst. Auf allen Ebenen und Kanälen. Denn nur durch den getrennten Kontakt wird diese Person nicht mehr Teil deines Universums sein.

Aber du wirst bei den wenigsten noch nachdoppeln müssen, dass du keinen Kontakt mehr möchtest. Die meisten werden das Feinstoffliche irgendwie wahrnehmen, wenn nicht bewusst, dann unbewusst. Aber auch wenn du mal jemandem sagen musst, dass du keinen Kontakt mehr wünschst: Es ist okay. Wir dürfen anderen Menschen sagen, dass es nicht funkt. Auch wenn es nicht um eine Beziehung geht. Wir dürfen jedem Menschen sagen, dass es irgendwie nicht passt. Wir müssen es ja auch nicht in spannungserzeugendem Ton sagen, sondern können es auch sanft tun.

Und wenn du dich bislang nicht getraut hast, es zu sagen, aus der Angst heraus, jener Mensch könnte sich danach negativ über dich äußern, so möchte ich dich beruhigen mit der Erkenntnis:

»Ich glaube, du möchtest, dass negative Menschen negativ von dir reden. Denn nur auf diese Weise verdeutlichen sie, dass du ganz sicher nicht zu ihnen gehörst.«

Keiner möchte, dass ein »schlechter Mensch«, ein Verbrecher beispielsweise, gut von einem redet. Dies ist ein krasser Vergleich – aber nur so wird uns bewusst, was es eigentlich bedeutet, wenn negative Menschen positiv von uns sprechen. Sprechen negative Menschen positiv von dir, dann wirbt diese Person in ihrem Umfeld (das aus weiteren negativen Menschen besteht, denn sie ziehen sich an) für dich. Auf diese Weise kommen weitere negative Menschen in dein Leben.

Äußert sich ein negativer Mensch negativ über dich, dann werden alle positiven Menschen, die auf diese negativen Menschen treffen, automatisch etwas Gutes an dir finden. Gemäß dem Sprichwort: »Der Feind meines Feindes ist mein Freund.«

Wenn ich hier von positiven und negativen Menschen spreche, dann meine ich damit nicht, dass zum

Beispiel die negativen Menschen per se negativ seien. Aber sie haben irgendetwas an sich, was deine positive Energie beeinflusst. Egal, ob es etwas an ihrer Energie ist oder ob es ihre Vergangenheit ist, die ihr negatives Verhalten zur Folge hat. Es sind Menschen, die uns, die wir in einer positiven Energie sind, nicht guttun.

Nahbar und trotzdem unangreifbar

Viele Menschen glauben, dass sie entscheiden müssen, ob sie nahbar oder unangreifbar sind, denn sie setzen Nahbarkeit mit Angreifbarkeit gleich.

Dabei ist das Gegenteil der Fall: Wer unnahbar ist, ist leicht angreifbar. Unnahbarkeit hat ihre Ursache. Diese liegt in den meisten Fällen in vergangenen Verletzungen, die den Menschen dazu bewegt haben, unnahbarer erscheinen zu wollen.

Erkennen wir Verletzungen als einmalig und nicht wiederholbar an, sinkt die Angst vor weiteren Verletzungen. Denn meist triggern gewisse Menschen, die uns scheinbar nicht guttun, lediglich diffuse Ängste in unserem Unterbewusstsein. Zu der Person, die uns vermeintlich nicht guttut, hat dies nur insofern einen Bezug, dass sie lediglich eine vorhandene Angst auslöst. Genau hier läge das Potenzial, nämlich jenes, an den eigenen Ängsten zu arbeiten, sodass andere Menschen die Ängste gar nicht mehr triggern können. Viele Ängste, die zwar da sind, sind uns gar nicht wirklich bewusst, es sind oft diffuse Ängste, die nicht rational zu begründen sind, aber unser Leben dennoch beeinflussen.

Beispielsweise die diffuse Angst davor, sich in Menschenmengen zu bewegen, oder eine diffuse Zukunftsangst oder die Angst vor Veränderung.

Wenn wir lernen, mit diesen Ängsten zu arbeiten und diese immer kleiner und kleiner werden zu lassen und irgendwann, vielleicht sogar unbemerkt, gehen zu lassen, so können andere Menschen diese Ängste gar nicht mehr triggern.

Dadurch können wir sogar sehr nahbar sein, denn tief in unserem Inneren wissen wir, dass wir nicht mehr verletzbar sind. Wir fühlen uns zunehmen resilienter, zugleich sicherer und stärker.

Willst du beispielsweise mehr auf einen negativen Menschen zugehen, dabei zugleich nahbar und unangreifbar sein, so kannst du vorab an deiner Selbstsicherheit, deinem inneren Halt arbeiten. Um diese Ressource in dir zu stärken, habe ich eine sehr einfache Technik entwickelt, die dir behilflich sein kann.

Stärkung deiner Ressource der Selbstsicherheit:

1. Erinnere dich an einen Moment aus deiner Vergangenheit, in dem du dich richtig selbstsicher gefühlt hast. Vielleicht einen von Stolz erfüllten Moment oder einen Moment, in dem du Stärke gespürt hast.

2. Merke dir ein bestimmtes Detail aus diesem einen Moment: einen Gegenstand, eine Farbe, ein Wort. Irgendwas. Dieses Irgendwas ist nun dein persönlicher Anker.

3. Denke ganz fest an diesen Anker und fühle, wie mit dem intensiven Gedanken daran auch das Gefühl der Selbstsicherheit immer stärker und stärker wird.

Wende diese einfache Technik nur ein einziges Mal von Schritt 1 bis 3 an. Danach brauchst du nur noch Schritt 3 zu wiederholen. Ich empfehle, für einen bleibenden Erfolg, Schritt 3 mindestens fünfmal die Woche anzuwenden, am besten über mindestens vier Wochen hinweg.

Wenn deine innere Selbstsicherheit so richtig ausgebaut sein wird, so wirst du auch schnell erkennen, wie negative Menschen dich gar nicht mehr triggern können. Denn deine Angst wird nasse Füße kriegen, mit zunehmender Selbstsicherheit deinerseits. Bis die Angst irgendwann nicht mehr bei dir sein wird, sondern dich verlassen haben wird.

Dadurch wirst du dich innerlich selbstsicher fühlen, das heißt, du wirst nicht mehr derart angreifbar sein und zugleich auch problemlos nahbar sein können.

Vertrauen herstellen

Es gibt Situationen, in denen wir spüren, dass ein bestimmter Mensch uns zwar guttun würde, dieser Mensch aber vielleicht noch nicht die geistige Nähe zulässt, die es für eine freundschaftliche oder tiefere Beziehung bräuchte.

Wie wir von negativen Erfahrungen geprägt sein können, können auch andere von negativen Erfahrungen geprägt sein und deshalb womöglich nicht gleich auf Anhieb das vollste Vertrauen aufbringen.

Mit unserer Ausstrahlung und unserer Verhaltensweise können wir aber dazu beitragen, dass diese Menschen uns schneller vertrauen als üblich. Indem wir diesen Menschen aufzeigen, dass wir es nur gut meinen und gemeinsam etwas Schönes bewirken oder erleben können.

Vertrauen herzustellen ist eine sehr filigrane Angelegenheit. Denn das Gewinnen des Vertrauens sollte zwar die Mission, aber zugleich nicht das Hauptziel sein. Wenn wir uns, während wir versuchen das Vertrauen unseres Gegenübers zu gewinnen, verlieren, so kann das unser Gegenüber verspüren, was dann zu sehr schneller Ablehnung führen kann. Oder anders ausgedrückt: Wenn ein Verkäufer klar ersichtlich unser Vertrauen für sich gewinnen will, nur um uns ein Produkt verkaufen zu können, so verstärkt dies unter Umständen sogar unsere Skepsis.

Deshalb ist während des Herstellens von Vertrauen auch so wichtig, dass du völlig du selbst bleibst. Du darfst dich, während du Vertrauen herstellen willst, nicht verstellen. Denn nur wenn dein Gegenüber spürt, auch im feinstofflichen Bereich, dass deine Ausstrahlung und dein Verhalten echt sind und du als authentisch wahrgenommen wirst, erst dann ist die Basis für das Herstellen von Vertrauen gegeben.

Folgende Fünf-Schritte-Anleitung soll dir dabei behilflich sein, das Vertrauen deiner Mitmenschen schneller auf deiner Seite zu haben:

1. Distanz akzeptieren

Hab Verständnis für dein Gegenüber, denn auch dieses hat Schutzmechanismen entwickelt, die ihm dabei behilflich waren, nicht zu schnell verletzt zu werden.

Gewähre deshalb deinem Gegenüber die geistige oder auch die körperliche Distanz. Dränge dich nicht auf. Wenn dein Gegenüber einen Rückschritt macht, dann merke dir diese geografische Distanz und lasse deinem Gegenüber diese Art Sicherheitsabstand. Denke einfach immer daran, dass dies ein Schutz-mechanismus ist, der nur mit dessen Vergangenheit etwas zu tun hat. Nicht aber mit dir.

Gewähre deinem Gegenüber auch die geistige Schutzzone, indem du nicht zu viele Fragen stellst, sondern nur so viele, wie es für dein Gegenüber wohl noch angenehm zu sein scheint. Du merkst schnell, wann deine Fragen für dein Gegenüber nicht mehr angenehm sind. Meist dann, wenn dein Gegenüber schneller zum Punkt kommen will oder sehr kurze Antworten gibt.

Gewähre deinem Gegenüber die geografische Distanz.
Gewähre deinem Gegenüber die geistige Distanz.

2. Gemeinsames Ziel vorstellen

Sobald dein Gegenüber merkt, dass du lediglich das Ziel hast, sein Vertrauen zu gewinnen, kann dies eine Gegenreaktion deines Gegenübers zur Folge haben. Denn dies kann einen Nachgeschmack von Manipuliert-Werden haben. Deshalb solltest du dein Wohlwollen ausstrahlen. Dies tust du am besten, indem du das Vertrauen nicht als primäres Ziel siehst, sondern das primäre Ziel jenes ist, gemeinsam etwas Schönes zu erleben oder zu bewirken.

Wenn du dir nämlich vorstellst, wie du und dein Gegenüber, dessen Vertrauen du gewinnen möchtest, eine wundervolle Zukunft haben werdet, so strahlst du diesen Goodwill automatisch aus. Dies spürt dann auch dein Gegenüber und kann sich schneller gehen lassen.

Stell dir eure gemeinsamen schönen, zukünftigen Momente und Erlebnisse vor.
Dadurch strahlst du dein Wohlwollen aus.

3. Gemeinsamkeiten kommunizieren

Wir alle mögen Menschen, die ähnlich denken wie wir. Das ist effizienter und birgt weniger Reibereien. Deshalb solltest du ganz dezent nur hier und da mal erwähnen, dass du zum Beispiel in dieser oder jener Hinsicht denselben Geschmack hast. Mach aber kein großes Ding draus. Sonst kannst du damit wieder Skepsis anregen. Sag es einfach bloß nebenher, aber auch ohne allzu große Emotionen.

> Kommuniziere nebenbei, hier und da, dass du deinem Gegenüber ähnlich bist.
> Egal in welchen Hinsichten.

4. Die gleiche Sprache sprechen

Pass deine Sprache der deines Gegenübers an. Dadurch verdeutlichst du dem Unterbewusstsein deines Gegenübers, dass ihr dieselbe Sprache sprecht. Dies vereinfacht die gesamte Kommunikation und macht sie auch offener und umgänglicher. Beachte besonders das Sprechtempo und wiederhole auch gewisse Worte, die dein Gegenüber immer wieder betont (das sind die dominanten Worte, egal welche es sind).

> Passe dein Sprechtempo dem deines Gegenübers an. Verwende dominante Worte, die dein Gegenüber gebraucht, auch hier und da mal.

5. Beende das Gespräch im richtigen Moment

Indem du das Gespräch beendest, bevor es dein Gegenüber beendet, nicht zu früh und auch nicht zu spät, verdeutlichst du deinem Gegenüber, dass es proaktiv auf dich zukommen muss.

Denn Vertrauen ist etwas, was primär von deinem Gegenüber kommen muss und nicht von dir allein generiert werden kann. Verhalte dich wie im Kasino: Höre dann auf, wenn es am schönsten ist. Dadurch wird dein Gegenüber das Gespräch fortsetzen oder wiederholen wollen.

Beende das Gespräch von deiner Seite im richtigen Moment, dann, wenn es am schönsten ist.

Mit dieser Fünf-Schritte-Anleitung sprichst du primär das Unterbewusstsein deines Gegenübers an und verdeutlichst diesem, dass du nicht so bist wie die anderen und dass du Gutes im Sinn hast mit deinem Gegenüber. Dadurch schaffst du eine wunderbare Welt, gemeinsam mit deinem Gegenüber, die euch beiden guttut. Behalte einfach unbedingt bei, dass du immer möglichst du selbst bleibst. Dadurch ist die Beziehung zwischen euch beiden viel reiner und langlebiger. Je authentischer beide Seiten in einer Beziehung sein können, desto reiner, ehrlicher und langlebiger wird die Beziehung sein.

Dein Erfolgsweg mit den richtigen Menschen

Unser Erfolgsweg ist geprägt von Fehlern. Dazu gehören auch die Fehler, dass wir uns auf die falschen Menschen gestützt oder verlassen haben. Wie auch die Fehler, dass wir den falschen Menschen zu viel Zeit gewidmet haben. Denn was gibt es wohl Kostbareres als die Zeit, die uns bleibt?

Doch was ist eigentlich Erfolg? Ist Erfolg, einen möglichst guten Job mit möglichst hohem Einkommen zu haben? Ist Erfolg, eine möglichst lange Beziehung zu leben? Ist Erfolg, möglichst wenig Fehler zu machen?

Ich persönlich definiere als Erfolg, möglichst oft und lange im Leben glücklich zu sein. Egal wie und egal womit. Die einen sind glücklich, wenn sie mit der Familie möglichst viel Zeit verbringen können. Andere sind dann glücklich, wenn sie sich selbst in Projekten verwirklichen können. Andere sind glücklich, wenn sie beinahe täglich feiern können.

Am wichtigsten ist lediglich, das zu tun, was einen glücklich macht, ohne sich von Stimmen links oder rechts ablenken oder verunsichern zu lassen. Denn diese Stimmen wissen komischerweise immer alles besser, und dies, obwohl sie nicht in denselben Schuhen liefen und auch nicht von derselben Sache glücklich sind, wie wir es sind.

Deshalb ist für dein persönliches Glück so wichtig, dass du die richtigen Menschen um dich herum weißt. Die Menschen, die dir guttun. Die Menschen, die dich in deinem Glücklichsein unterstützen. Egal, ob das nun der Mehrheit in den Kram passt oder nicht. Auf deinem Erfolgsweg unterstützt zu werden und zu wissen, dass man genau richtig ist, so wie man ist, das ist das Gefühl, das ich dir von Herzen wünsche.

Wenn du merkst, dass eine Person dich immer wieder ärgert, dich immer wieder Energie kostet oder vielleicht sogar schon von der ersten Begegnung an etwas Unstimmiges mit dabei war, immer dann, wenn du merkst, dass dein Gegenüber dich nicht so nimmt, wie du bist, und du dich immer zuerst noch beweisen musst, immer dann wird es wohl mit diesem Menschen keinen sehr einfachen Weg geben – sondern einen Weg, an dem halt hier und da gewisse Hürden in Kauf zu nehmen sind.

Es gibt Momente im Leben, da suchen wir uns sogar als eine Art Herausforderung absichtlich solche Menschen aus, um uns zu beweisen, dass wir für uns selbst einstehen können, auch dann, wenn wir hart auf die Probe gestellt werden.

Deshalb kann ich dir nicht sagen, dass dir jener Mensch guttut und dieser hingegen nicht – das kannst du ganz allein nur für dich herausfinden. Und ich wünsche dir, dass das Wissen, die Techniken und die Übungen aus diesem Buch dir dabei behilflich sein werden, dir die Menschen in deinem Leben auszusuchen, die dir wirklich guttun.

Ich hatte einst einen besten Freund aus alten Schulzeiten. Wir waren über acht Jahre beste Freunde. Ich ging gegen Ende unserer Freundschaft jede Woche in die Kantine seines Betriebes zum Mittagessen. Bis mir mit der Zeit auffiel, dass ich mich danach immer schlecht fühlte, weil er Minderwertigkeitsgefühle hatte, die er versuchte auszubügeln, indem er an mir Schlechtes suchte. So im Sinne von: »Schau mal, ich bin hier und da besser als du.« Und dies, obschon ich ihm dieses Gefühl auch lassen wollte. Denn für mich gibt es kein »besser als ...«, sondern bloß ein »anders als ...«. Irgendwann dann aber habe ich mich selbst durchschaut und erkannt, dass er mir nicht guttut. Also beendete ich die Freundschaft mit ihm. Kurz darauf explodierte mein Erfolg regelrecht, weil ich endlich wieder ungehindert meiner positiven Energie freien Lauf lassen konnte.

Wenn wir Sandkasten- oder Schulfreundschaften haben, die noch bis heute bestehen, so müssen diese langjährigen Freunde auch unseren Wandel annehmen und anerkennen. Es darf nicht sein, dass wir nach vielen Jahren immer noch in derselben Rolle wahrgenommen werden, in der wir damals waren, es aber heute nicht mehr sind.

Deshalb empfehle ich dir: Such dir die Leute aus, die deinen Glücksweg verstehen und unterstützen. Die Zeit ist zu kostbar, um sie jenen Menschen zu schenken, die dich nicht wirklich so nehmen, wie du bist.

Und solltest du von vermeintlich perfekten Menschen beeinflusst werden, so denke bitte daran: Perfekte Menschen sind wie reife Früchte – sie können nur noch faulen.

Von Herzen nur das Allerbeste und dass du deinen Glücksweg für dich so gehen kannst, wie du dies möchtest und wie du dir dies wünschst,

Gabriel Palacios

Selbsttest: Welcher Charakter-Typ bin ich?

MKPI – Modell der kolorierten Persönlichkeits-Instanzen

Dieser Selbsttest soll dir Klarheit darüber verschaffen, welcher Charakter-Typ du bist. Kreuze die jeweils passenden Antworten für dich an. Wichtig bei diesem Fragenkatalog ist, dass du jeweils die Antwort wählst, die für dich am passendsten wirkt. Wähle je Frage ausschließlich eine Antwort aus.

Wie mächtig fühlst du dich generell?

Ich fühle mich mächtig. ☐ A

Ja, ich weiß, dass ich sehr viel Macht habe. ☐ B

Wenn ich will, kann ich jederzeit meine Macht spielen lassen. ☐ C

Mir ist Macht völlig egal. Ich mache mein Ding. ☐ D

Nein, ich fühle mich nicht mächtig. ☐ E

Ich mag Macht und mächtige Menschen nicht. ☐ F

Mal bin ich mächtig, mal gar nicht. ☐ G
Ich kann beides sein.

Ich habe Verständnis für mächtige Menschen ☐ H
und für Menschen, die nicht mächtig sind.

Wie sensibel schätzt du dich ein?

Sensibilität ist nichts für mich. ☐ A

Wenn es darum geht, meine Erfolge zu erreichen, ☐ B
kann ich sensibel sein.

Ich kann meine Sensibilität spielen lassen, ☐ C
um andere Menschen zu beeinflussen.

Mir ist Sensibilität nicht wichtig, weil ich ☐ D
mich auf andere Dinge konzentriere.

Ja, ich bin sehr sensibel und manchmal beinahe ☐ E
etwas zu sensibel.

Wenn andere ihre Macht ausspielen, bin ich ☐ F
eher sensibel.

Je nach Situation und je nach Gesellschaft   ☐ G
kann ich sensibel sein, wenn ich will.

Ich habe Verständnis für sensible Menschen   ☐ H
und für Menschen, die nicht so sensibel sind.

Wie tolerant schätzt du dich generell ein?

Ich weiß nicht, ob ich tolerant bin,   ☐ A
aber ich glaube es.

Manchmal fühle ich mich mächtiger,   ☐ B
wenn ich tolerant bin.

Ich kann anderen Toleranz vortäuschen,   ☐ C
wenn diese dies brauchen.

Mir ist diese ganze Toleranz-Thematik ziemlich egal.   ☐ D

Ich bin zu sensibel für intolerante Themen   ☐ E
und Menschen.

Wenn andere ihre Macht spielen lassen, verstehe ☐ F
ich das zwar, und trotzdem toleriere ich es
irgendwo auch nicht.

Mal bin ich tolerant, mal weniger. Je nach dem ☐ G
Menschen, mit dem ich mich über gewisse Themen
unterhalte, und was dieser Mensch von mir erwartet

Ich habe Verständnis für tolerante Menschen ☐ H
und für Menschen, die nicht so tolerant sind.

Wie betroffen bist du, wenn deine Freunde sich streiten?

Manchmal muss es halt einfach raus. ☐ A

Wenn es mich im Erreichen meiner Ziele ☐ B
hindert, macht es mich schon betroffen.

Wenn ich ins Spiel komme und man schlecht ☐ C
von mir spricht, bin ich betroffen davon.

Mir sind Auseinandersetzungen anderer ☐ D
völlig egal. Nicht mein Thema.

Ich bin zu sensibel, um Streite anderer ☐ E
mitzuerleben, und weiche dann jeweils aus.

Wenn der Streit nur wegen Machtmissbrauch ☐ F
zustande kam, macht mich das traurig.

Je nach Person und Situation und je nachdem, ☐ G
was von mir erwartet wird.

Es macht mich sehr betroffen, und ich versuche ☐ H
dann jeweils zwischen den Fronten zu schlichten.

Wie grob und unachtsam schätzt du dich selbst ein?

Ich bin grob, aber dadurch auch sehr klar, ☐ A
und konzentriere mich auf mein Wohlbefinden.

Manchmal muss man grob und unachtsam sein, ☐ B
um seine Ziele zu erreichen.

Gewisse Menschen kann man nur führen, ☐ C
wenn man ihnen die grobe Seite an sich zeigt.

Grob oder unachtsam zu sein interessiert ☐ D
mich nicht. Ich mache einfach mein Ding.

Nein, ich bin alles andere als grob und bin auch ☐ E
ein äußerst achtsamer Mensch.

Ich mag Menschen nicht, die mit ihrer grober Art ☐ F
ihre Macht ausspielen.

Manchmal bin ich grob, manchmal feinfühlig. ☐ G
Manchmal achtsam, manchmal unachtsam.
Je nach Person und Situation.

Ich habe Verständnis für grobe Menschen wie für feinfühlige Menschen. Für achtsame wie für weniger achtsame Menschen.

☐ H

Fühlst du dich manchmal wie eine Art Opfer durch das Verhalten anderer?

Ich denke nicht.

☐ A

Nein, ich bin generell zu stark und mächtig, um mich je als Opfer zu fühlen.

☐ B

Wenn man mich hintergeht oder belügt, fühle ich mich sehr unwohl und muss den Spieß unbemerkt umdrehen.

☐ C

Ich habe mit Opfer-Situationen nichts am Hut. Ich konzentriere mich auf mein Ding.

☐ D

Ich bin sehr feinfühlig und muss mich immer wieder selbst ermahnen, dass ich nicht so sensibel sein soll, weil ich mich ohne meine Sensibilität auch nicht als Opfer fühlen kann.

☐ E

Wenn andere ihre Macht missbrauchen, bin ich sehr schnell deren Opfer!

☐ F

Je nach Person(engruppe), mit der ich rede, schlüpfe ☐ G
ich für Momente in die Opferrolle, kann diese aber
sehr schnell wieder verlassen, so wie es gerade passt.

Ich sehe mich eher als Helfer der Opfer, damit ☐ H
diese nicht mehr Opfer sein müssen. Ich kann da
nicht zuschauen.

Wie flexibel schätzt du dich selbst ein?

Ich weiß nicht, aber ich denke schon, ☐ A
dass ich flexibel bin.

Wenn man erfolgreich sein will, muss man ☐ B
mal hier, mal da etwas flexibel sein.

Zu gewissen Vorzügen kommt man nur, ☐ C
wenn man flexibel ist.

Mir ist Flexibilität ziemlich egal. Ich interessiere ☐ D
mich für Themen des höheren Bewusstseins.

Ich bin zu sensibel, um flexibel zu sein. ☐ E
Das würde mich zu viel Energie kosten.

Zur Not, um Ungerechtigkeit zu verhindern, ☐ F
bin ich auch mal flexibel.

Ja, ich bin sehr flexibel. Flexibilität ist in der
menschlichen Kommunikationsgrundlage ein
Muss.

☐ G

Ich habe Verständnis für flexible Menschen und
für weniger flexible Menschen. Hauptsache,
man versteht sich gegenseitig.

☐ H

Wie neutral und enthaltsam bist du?

Ich weiß es nicht, aber ich glaube, dass ich neutral
und enthaltsam bin.

☐ A

Manchmal muss man neutral und enthaltsam sein,
um seine Ziele zu erreichen.

☐ B

Manchmal sind Enthaltsamkeit und Neutralität
die cleverste Taktik.

☐ C

Ja, ich bin sehr neutral und enthaltsam. Ich
konzentriere mich auf mich.

☐ D

Ich bin meist zu sensibel, um neutral zu sein. Aber
wenn, dann lasse ich mir meine Sensibilität nicht
anmerken und bleibe eher enthaltsam.

☐ E

Ich kann nicht neutral bleiben oder nichts tun
in unserer ungerechten Welt!

☐ F

Je nach Situation oder Person kann ich für kurze Momente oder für ein paar Stunden gut auch neutral und enthaltsam sein. ☐ G

Ich kann nicht neutral oder enthaltsam sein. Ich muss meistens die Wogen glätten, damit wieder Friede einkehrt. ☐ H

Hast du Großes vor in deinem Leben?

Ja. Wenn nicht jetzt, wann dann? ☐ 1

Es gibt etwas noch Größeres als die Ziele, die die meisten versuchen zu erreichen. ☐ 2

Ich gebe mich mit wenig zufrieden. ☐ 3

Ich mag es mehr, andere Menschen zu Großem zu führen, als mich selbst. ☐ 4

Bist du oft in einer Art Vogelperspektive?

Manchmal, wenn es mir dient, schneller ans Ziel zu kommen. ☐ 1

Absolut! Sehr oft! ☐ 2

Die Vogelperspektive ist mir zu anstrengend. ☐ 3
Ich genieße lieber stattdessen, was gegeben ist.

Ich mag es lieber, anderen Menschen zu verdeutlichen, ☐ 4
wie hilfreich die Vogelperspektive sein kann.

Lässt du oft dein Leben einfach geschehen?

Nein, wir sollten immer die Kontrolle und ☐ 1
Eigenverantwortung für unser Tun übernehmen.

Manchmal muss man sich das Leben aus der ☐ 2
Vogelperspektive anschauen und einfach
geschehen lassen.

Ja, manchmal lasse ich mein Leben einfach ☐ 3
geschehen und nehme es, wie es kommt.

Ich zeige sehr gern anderen Menschen, wie man ☐ 4
sich geschehen lässt.

Hilfst du oft Menschen in Not?

Ich habe meist keine Zeit dafür, außer es sind ☐ 1
meine engsten Liebsten.

Manchmal hilft man dem Menschen, indem man ihm nicht hilft.

☐ 2

Zuerst muss ich mir selbst helfen, bevor ich anderen helfen kann.

☐ 3

Ja, oft helfe ich sogar so vielen Menschen, dass ich mich dabei selbst vergesse.

☐ 4

Auswertung

Trage im Folgenden die Anzahl der Felder ein, die du oben angekreuzt hast.

Unten findest du dann die Legende zu den entsprechenden Buchstaben und Ziffern und kannst so evaluieren, welches dein Charakter-Typus und deine Farbe sind.

— — — — — — — —

A   B   C   D   E   F   G   H

— — — —

1   2   3   4

A) Rhinozeros
B) Wolf
C) Schlange
D) Biene
E) Reh
F) Lamm
G) Chamäleon
H) Hund

1) Rot
2) Gelb
3) Blau
4) Grün

Koordinatensystem

Wenn du magst, so markiere die Zahlen bei den entsprechenden Tieren/Buchstaben, um dein Charakter-Diagramm sowie
dein Farben-Diagramm zu erhalten.

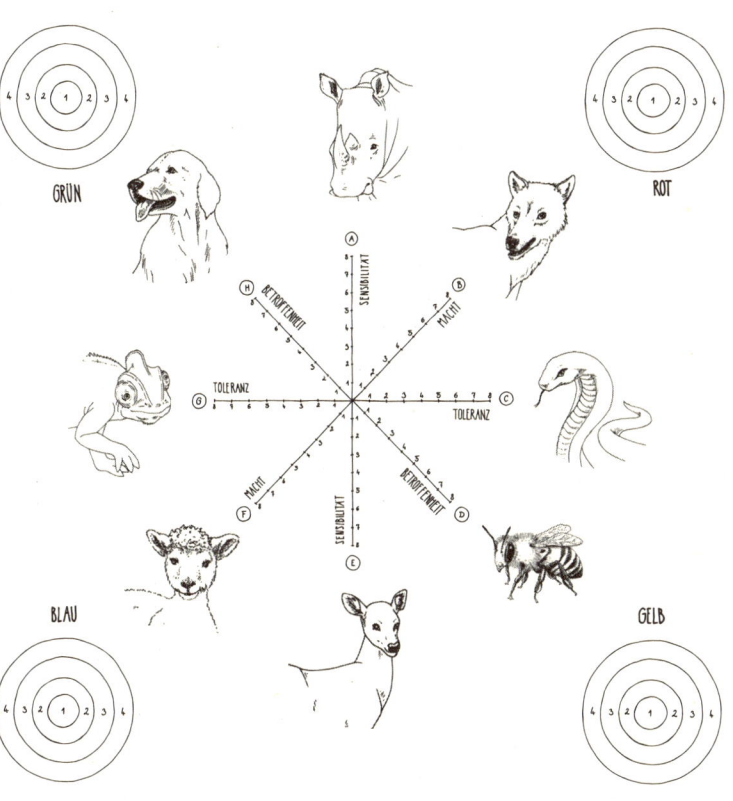

Dank

Dankbarkeit ist eine sehr wichtige Fähigkeit. Ich danke dir, liebe Leserin oder lieber Leser, für all die Zeit, die du mit mir gemeinsam hier verbracht hast. Denn was gibt es Schöneres, als gemeinsam etwas Schönes zu bewirken. Deshalb an dieser Stelle ein riesiges DANKE an dich, meine Leserin oder mein Leser! Die Verbindung zu dir, ohne dass ich dich womöglich kenne, ist ein wundervolles Gefühl!

Deshalb danke ich von Herzen Allegria-Programmleiterin Patricia Holland-Moritz dafür, dass sie mit diesem Buch den Raum schafft, all dieses Wissen jenen Menschen leicht zugänglich zu machen, die das brauchen und denen das im Herzen guttut. Danke dir, Patricia – du bist ein Mensch, der überall Positives verbreitet! Vielen Dank dafür!

Dann danke ich meiner Mutter, Beatrix Palacios, die mir nicht nur den Engels-Namen Gabriel geschenkt hat, und meinem Vater Antonio Palacios (†), der mir den Palast-Namen Palacios geschenkt hat. Eure Liebe und eure positive Energie sind das, was ich raustrage in die Welt. Ohne dich, mein Mämi, die du mir die geistige Stärke geschenkt hast, und deine Hingabe für uns Kinder, die mit keinen Worten zu beschreiben ist, wäre ich heute nicht, was ich bin. Keine Worte genügen, um zu beschreiben, wie du sieben Kinder und einen Mann mit geistigen

Problemen, nebst dem Knochenjob und allem Drum und Dran, durchgebracht hast. Und aus uns allen ist etwas Wundervolles geworden. Wir alle sind kerngesund und wohlauf - und ich kenne das Geheimnis, weshalb. Danke dafür aus den tiefsten Tiefen meines Herzens!

Ich danke jedem Einzelnen meiner Familie. Ihr seid immer für mich mein Rückgrat. Jeder Gedanke an jemanden von euch löst in mir Gefühle der tiefen Verbundenheit aus. Sancho, Carmen, Marisa, Cindy, Jasmine, Trix und eure Liebsten. Ihr alle seid Familie - die beste der Welt!

Dann danke ich von Herzen meinen besten Freunden Marianne, Max, Joe und Pasquale. Marianne und Max dafür, dass ihr mich immer so liebevoll unterstützt und mir eben einfach so guttut, mein Hombre und meine Hombra. Es gibt doch kaum etwas Schöneres als einen so schönen geselligen Abend mit euch. Und meinem besten Freund Joe, der mich so sehr unterstützt und mit dem ich Tränen lachen kann. Danke dir für all diese schönen und lustigen Erlebnisse und dafür, dass du mich auch einfach so nimmst, wie ich bin, mit all meinen Ecken und Kanten.

Dann danke ich von Herzen allen, die mich sonst tatkräftig unterstützen! Ich kann nicht alle Namen nennen, weil ich niemals allen gerecht werden könnte, und doch so viele mich auf meinem Weg begleitet haben, für kürzere wie für längere Wegabschnitte. Jede Begegnung hat irgendwo etwas Positives - man muss es nur sehen.

Das Positive liegt überall. Wir müssen nur danach greifen.

Kontakt

Wenn du Interesse an meinen Leistungen, Hypnosetherapie-Ausbildungen, Workshops, Vorträgen oder Online-Kursen hast, so findest du alle Infos im Web unter www.palacios.academy

Meine Postanschrift lautet:

Palacios Relations GmbH
Rosenweg 25B
3007 Bern
Schweiz

Tel. +41 (0) 31 371 54 02
info@palacios-relations.ch

Setze dich mit uns in Verbindung, wenn du das MKPI-Modell für dein Unternehmen, zur Stärkung des Teams oder für die Optimierung der betrieblichen Kommunikation nutzen möchtest. Wir beraten dich gern.

»Den Großteil aller Ängste kreiert das Unterbewusstsein. Wenn wir also dessen Sprache verstehen, so können wir es auffordern, die Angst einfach loszulassen.« Gabriel Palacios

In bewegten Zeiten nimmt sich der Bestsellerautor und Hypnosetherapeut Gabriel Palacios des Themas Angst an. Das Buch ist die Essenz aus seinen bisherigen Publikationen, die allesamt Bestseller wurden. Mit seiner tiefgehenden Analyse, wegweisenden Ratschlägen und Übungen ist es das Buch zur richtigen Zeit. Es ist ein Wegweiser zur vollkommenen Freiheit: der Freiheit von Angst.

Gabriel Palacios
Gib deiner Angst keine Macht!
Wie du in bewegten Zeiten zur Ruhe und zu dir selbst kommst

Hardcover
Auch als E-Book erhältlich
www.ullstein.de